民間(七会)連合協定工事請負契

工事共通仕様書（令和5年版）につ……

　当協会では、国土交通省が国家機関の建築物の工事に適用するために制定した基準図書類を同省の監修を受けて出版しています。また、これらについて研修・講習会等を通じて正確な理解と普及に努めています。

　これらの基準図書類のうち、国土交通省制定の「公共建築工事標準仕様書（建築工事編、電気設備工事編、機械設備工事編）」（以下「標準仕様書」といいます。）は、公共建築工事のみならず民間建築工事でも幅広く活用されています。

　このことから、平成15年に「公共建築工事標準仕様書の民間工事への適用可能性調査検討会（委員長（一社）公共建築協会常務理事　片渕利幸）」において「民間(旧四会)連合協定工事請負契約約款」（以下「工事約款」といいます。）に適合した建築工事、電気設備工事及び機械設備工事共通仕様書（平成16年版）」（以下「工事共通仕様書」といいます。）を作成及び発刊し、以降、標準仕様書改定の都度、工事共通仕様書の改定を行ってまいりました。

　このたび、標準仕様書が令和4年版として制定されたこと、及び民間工事標準請負契約約款（中央建設業審議会決定）の暴力団排除、宅地造成等規制法（新宅造法）に関する改正に合わせて、工事約款（令和元年12月）が令和5年1月に改正されたことから、工事共通仕様書の改定作業を行うこととなりました。

　改定に当たっては、「民間(七会)連合協定工事請負契約約款に適合した工事共通仕様書（令和5年版）検討委員会」（委員長　弁護士　松原文雄）を設置し、検討を行いました。改定に当たりご尽力いただきました委員各位及びご協力いただきました関係各位に深く感謝の意を表するとともに、この工事共通仕様書（令和5年版）が、民間工事において、業務の効率化及び施工水準の向上に寄与することを期待します。

令和5年7月

一般社団法人　公共建築協会

会長　　藤田　伊織

民間(七会)連合協定工事請負契約約款に適合した
工事共通仕様書（令和5年版）検討委員会委員名簿

※敬称略

委員長　松原　文雄　　弁護士
　　　　　　　　　　　［元国土交通省土地・水資源局長、国土交通省中
　　　　　　　　　　　央建設工事紛争審査会特別委員］

委　員　北川　勝　　　（公社）日本建築家協会
　　　　　　　　　　　［㈱安井建築設計事務所顧問］

　　　　早川　文雄　　（公社）日本建築家協会
　　　　　　　　　　　［㈱日建設計設計監理部門品質管理グループ技術
　　　　　　　　　　　部ダイレクター／設計技術アドバイザー］

　　　　稲田　徹　　　（一社）日本建設業連合会
　　　　　　　　　　　［㈱竹中工務店生産本部生産企画部シニアチーフ
　　　　　　　　　　　エキスパート］

　　　　黒木　正郎　　（公社）日本建築士会連合会
　　　　　　　　　　　［日本郵政㈱不動産部門施設部首席建築家］

　　　　後藤　伸一　　（公社）日本建築士会連合会
　　　　　　　　　　　［一級建築士事務所ゴウ総合計画㈱代表取締役］

　　　　板橋　弘和　　（一社）日本建築士事務所協会連合会
　　　　　　　　　　　［㈱久米設計プロジェクト管理本部副本部長］

　　　　喜多　浩之　　（一社）日本建築士事務所協会連合会
　　　　　　　　　　　［㈱安井建築設計事務所設計部長］

　　　　太田　俊也　　（一社）日本建築構造技術者協会
　　　　　　　　　　　［㈱三菱地所設計構造設計部シニアエンジニア］

　　　　水野　隆介　　（一社）日本建築構造技術者協会
　　　　　　　　　　　［㈱エム・イー・エム　一級建築士事務所代表取
　　　　　　　　　　　締役］

　　　　内田　正弘　　（一社）日本設備設計事務所協会連合会
　　　　　　　　　　　［（一社）日本設備設計事務所協会連合会建築物省
　　　　　　　　　　　エネアシストセンターセンター長］

　　　　髙木　俊幸　　（一社）日本設備設計事務所協会連合会
　　　　　　　　　　　［㈱アークテクノ取締役会長］

　　　　羽山　眞一　　（一社）公共建築協会
　　　　　　　　　　　［（一社）公共建築協会専務理事］

民間(七会)連合協定工事請負契約約款に適合した
工事共通仕様書（令和5年版）改定について

　今回の改定は、「公共建築工事標準仕様書（建築工事編、電気設備工事編、機械設備工事編）令和4年版」（以下「標準仕様書」といいます。）が制定されたこと、及び「民間(七会)連合協定工事請負契約約款」（以下「工事約款」といいます。）の改正を踏まえて、この「民間(七会)連合協定工事請負契約約款に適合した工事共通仕様書」（以下「工事共通仕様書」といいます。）が、これらに適合するよう所要の改定を行いました。

　なお、工事約款は、現在「令和5年1月改正版」が最新です。令和2年4月版からの主な改正内容は、民間工事標準請負契約約款（中央建設業審議会決定）の改正と平仄を合わせて、第31条の発注者の無催告解除の1（エル）号の一部（暴排条項関連）が改正されています。また、宅地造成等規制法（新宅造法）の関係で契約書に「7. 建設発生土の搬出先等」の記載欄が設けられました。工事共通仕様書の建築工事編、機械設備工事編を適用する場合には、関連事項部分の修正等が必要です。

　改定に当たっては、この工事共通仕様書（令和5年版）が、民間建築工事における建築物に必要な品質及び性能を確保するために重要な仕様書であり、実務において有用なものとなることを目的に検討しました。

「工事共通仕様書」改定の要点
　1．「用語の定義」について、改めて見直しを行い、その内容の追加、修正を行いました。特に、「1.1.2(ウ)」の「監理者」については、工事約款の趣旨を踏まえて、業務の実務に即した記述に修正を行いました。
　2．契約書に「7. 建設発生土の搬出先等」の記載欄が設けられたのに伴い、工事共通仕様書各工事編の「施行中の環境保全等」の事項に当該法律を追加しました。また、関連して「1.3.12 発生材の処理等」（建築工事編／機械設備工事編）に(3)の追加を行いました。
　3．工事仕様書（建築工事編）「1章 各章共通事項」、同（電気設備工事編）及び同（機械設備工事編）「第1編 第1章 一般事項」におけるその適用に関する記述の構成を見直したほか、標準仕様書改定箇所等に関連する事項の修正を行いました。

令和5年7月
　　　民間(七会)連合協定工事請負契約約款に適合した
　　　　工事共通仕様書（令和5年版）検討委員会

「民間（七会）連合協定工事請負契約約款」
令和2年（2020年）4月1日改正版「改正の趣旨」

　改正民法の施行、建設業法の改正等に伴い、「民間（七会）連合協定工事請負契約約款」は2020年4月1日付で大幅に改正された。主な改正点は以下の通りである。

①債権譲渡制限の規定（規定自体は従前と変わっていない）に違反して譲渡した場合、発注者にはこの契約の解除が認められた。

②改正民法に合わせ、瑕疵担保に代わる契約不適合責任の内容や責任期間が新たに規定され、契約不適合の場合には従前の修補（追完）請求権、損害賠償請求権に加え、代金減額請求権と契約解除権を認める請求方法の規定を新たに設けた。契約不適合に対する責任の請求期間（責任担保期間）については原則引き渡しから2年（一部、設備の機器などは1年）とし、この期間内に不適合を知ってから1年以内に受注者に通知した場合には通知から1年以内に請求等ができる（責任期間内に請求等をしたとみなす）旨の規定が設けられた。契約不適合が故意又は重大な過失による場合には、民法の消滅時効（客観的起算点による最長10年の消滅時効期間）によることになった。（下図参照）

③改正民法にならい、発注者、受注者の損害賠償請求の規定は、発注者、受注者ごとに整理された。契約解除の規定も同様に整理され、また催告、無催告に分けて整理された。さらに、解除に伴う措置の規定が工事完成前と完成後に分けて新設された。

④秘密保持の一般規定の新設、条件変更や損害防止条項の規定の見直しが行われた。

⑤改正建設業法の規定に対応し、施工しない日等、適正な工期、監理技術者補佐の規定や記載事項が追記された。

⑥条件変更、損害の防止条項では協議条項を廃止し、客観的に求められる範囲による措置とすることとした。

※民間（七会）連合協定工事請負契約約款委員会による「民間（七会）連合協定工事請負契約約款の改正の概要」（2019年12月24日付け構成団体あて文書より）

契約不適合責任期間（新約款規定）

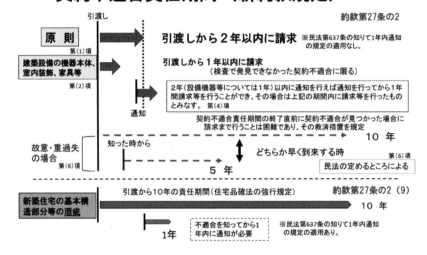

原則 第(1)項
引渡しから**2年以内**に請求 ※民法第637条の知りて1年内通知の規定の適用なし。

建築設備の機器本体、室内装飾、家具等 第(2)項
引渡しから**1年以内**に請求
（検査で発見できなかった契約不適合に限る）

2年（設備機器等については1年）以内に通知を行えば通知を行ってから1年間請求等を行うことができ、その場合は上記の期間内に請求等を行ったものとみなす。第(4)項

契約不適合責任期間の終了直前に契約不適合が見つかった場合に請求まで行うことは困難であり、その救済措置を規定

故意・重過失の場合 第(6)項
知った時から
どちらか早く到来する時 第(6)項
5 年
10 年
民法の定めるところによる

新築住宅の基本構造部分等の瑕疵
引渡から10年の責任期間（住宅品確法の強行規定） 約款第27条の2（9）
10 年

不適合を知ってから1年内に通知が必要
1年
※民法第637条の知りて1年内通知の規定の適用あり。

約款第27条の2

本書の使用上の留意点

※　この「工事共通仕様書」は、民間工事において広く使用されている「民間（七会）連合協定工事請負契約約款」（以下「工事約款」といいます。）を用いる民間建築工事を対象とした工事請負契約書において使用する工事共通仕様書として、設計、施工関係団体等の意見を聞いて、（一社）公共建築協会で作成したものです。

※　作成に当たっては、「公共建築工事標準仕様書（建築工事編、電気設備工事編、機械設備工事編）」（以下「標準仕様書」といいます。）を民間工事における工事請負契約に添付する工事共通仕様書（設計図書等の一部）として使用する場合に、工事約款との間に生じる不整合（公共工事と民間工事の相違事項）を避けるために、標準仕様書の建築工事編では「1章各章共通事項」、電気設備工事編及び機械設備工事編では「第1編 第1章一般事項」について、必要な事項を加除修正しています。

　　なお、表番号については、建築工事編及び電気設備工事編では〔表○（章番号）．○（節番号）．○（表記順番号）〕とし、機械設備工事編では〔表○（編番号）．○（章番号）．○（表記順番号）〕として、標準仕様書にその表記をあわせています。

※　以降の編又は章については、「監督職員」、「設計図書」及び「監督職員の承諾」の読み替えを除き、標準仕様書の内容をそのまま引用することとしておりますので、標準仕様書と併せてご使用ください。

※　この「工事共通仕様書」の使用については、工事監理の方法あるいは技術的仕様等の部分に関して、必要に応じて、特記仕様書等に追加・補足事項等を記載した場合には当該記載事項が優先されることになりますが、この「工事共通仕様書」の内容を変更することを妨げるものではありません。

※　監理者が建築士法第2条第8項の「工事監理」で行う確認のほか、監理者は、あらかじめ発注者から受注者に通知されている監理業務委託契約の内容（業務委託共通仕様書、特記仕様書、監理方針書等）を優先して、受注者への対応を行うことになります（参照：建築工事編 1.1.2「用語の定義」(エ)、(ツ)ほか）。

　　また、監理者が行う品質及び施工の検査・確認は、公共工事の監理方法に準拠して、施工の各段階で実施することにしています。

「民間(七会)連合協定工事請負契約約款」について

　「民間(七会)連合協定工事請負契約約款」は、大正12年に請負契約書案聯合調査會（建築學會、建築業協會、日本建築協會及び日本建築士會（いずれも当時））により制定された「工事請負規程」をその前身とし、戦後から今日まで「民間(旧四会)連合協定工事請負契約約款」として民間建築工事において広く利用されてきました。令和2年よりその名称が「旧四会」から「七会」に改正されましたが、「七会」とは、（一社）日本建築学会、（一社）日本建築協会、（公社）日本建築家協会、（一社）全国建設業協会、（一社）日本建設業連合会、（公社）日本建築士会連合会及び（一社）日本建築士事務所協会連合会の七団体をいいます。

　また、工事請負契約約款を発行する「民間(七会)連合協定工事請負契約約款委員会」においても、令和2年4月より「旧四会」から「七会」へ名称変更し、民間建築工事の健全で公正な契約関係の発展、建築工事における約款の位置づけ、新しい約款のあり方などについて、七会以外の関係団体とも連携し、精力的に活動を展開しています。その詳細につきましては、同委員会のHPをご覧ください。

URL　http://www.gcccc.jp/index.html

目 次

建築工事編

電気設備工事編

機械設備工事編

建築工事編

1章　各章共通事項

1節　共通事項

1.1.1
一 般 事 項

(1) 適用範囲
　　本工事共通仕様書（建築工事編）（以下「共通仕様書」という。）は、建築物等の新築及び増築に係る建築工事に適用する。

(2) 受注者は、工事請負契約書、民間(七会)連合協定工事請負契約約款（以下「工事約款」という。）及び設計図書等（1.1.2(キ)の「設計図書等」をいう。）に従い、責任をもってこの工事（「工事約款第1条の2（用語の定義）」に定める「この工事」をいう。以下同じ。）を履行する。

(3) 共通仕様書の構成と適用
　　(ア) 共通仕様書は、1章及び2章から23章までの各章で構成され、2章から23章までは公共建築工事標準仕様書（建築工事編）令和4年版による。
　　　　なお、2章以降の読み替え項目については、1.1.2(ウ)「監理者」、1.1.2(キ)「設計図書等」、1.1.2(ス)「監理者の承認」を参照する。
　　(イ) 共通仕様書の2章以降の各章は、1章と併せてこの工事に適用する。

(4) 契約図書類とその優先順位
　　次の(ア)から(キ)の「契約図書類」は、相互に補完する。ただし、契約図書類間に相違がある場合の適用の優先順位は、(ア)から(キ)までの順番のとおりとし、これにより難い場合は、1.1.7による。
　　(ア) 工事請負契約書
　　(イ) 工事約款
　　(ウ) 質問回答書（(エ)から(キ)までに対する質問の回答書をいう。）
　　(エ) 現場説明書（見積要項書）
　　(オ) 特記仕様書
　　(カ) 設計図面
　　(キ) 共通仕様書

1.1.2
用 語 の 定 義

共通仕様書の用語の定義は、次による。
(ア)「発注者」とは、この工事を注文した者をいう。
(イ)「受注者」とは、この工事を請け負った者をいう。
　　なお、「受注者等」という場合は、工事請負契約書

に記名押印した受注者又は受注者が工事約款に基づいて定めた現場代理人をいう。

(ウ)「監理者」とは、この工事に関し、発注者との間で締結した監理業務の委託契約（以下「監理契約」という。）に基づき、当該監理業務に従事する者（工事約款に定める監理者を含む。）をいい、建築士法第2条第8項で定める工事監理並びに同法第18条第3項及び同法第20条第3項で定める工事監理者の業務にあっては、当該業務を行う建築士事務所に所属する建築士をいう。

　なお、2章以降の「監督職員」は「監理者」と読み替える。ただし、当該監理者の業務が監理契約に含まれない業務の場合は、「発注者」に読み替える。

(エ)「監理業務」とは、この工事に関し、発注者と監理者が締結した監理契約に定められる業務をいい、建築士法第2条第8項で定める工事監理並びに同法第18条第3項及び同法第20条第3項で定める工事監理者の業務を含む。

(オ)「発注者又は監理者」とは、発注者、監理者のどちらかをいい、監理契約に含まれる業務の場合は、監理者をいう。

(カ)「発注者及び監理者」とは、監理契約に関わらず、発注者、監理者の両者をいう。

(キ)「設計図書等」とは、この工事の工事請負契約書に添付された1.1.1(4)の(ウ)から(キ)までをいう。ただし、構造計算書及び設備にかかる計算書その他各種計算書は含まない。

　なお、2章以降の「設計図書」は「設計図書等」と読み替える。

(ク)「特記」とは、この工事の工事請負契約書に添付された1.1.1(4)の(ウ)から(カ)までに指定された事項をいう。

(ケ)「工事用図書」とは、設計図書等及び発注者又は監理者によって承認された施工図をいう。

(コ)「工事関係図書」とは、実施工程表、施工計画書、施工図、工事写真その他これらに類する施工、試験等の報告及び記録に関する図書をいう。

(サ)「施工図」とは、設計図書等の定めにより受注者が作成した、この工事に必要な躯体図、工作図、製作図等をいう。

(シ)「書面」とは、発行年月日が記載され、署名又は押印された文書をいう。

(ス)「監理者の承認」とは、受注者等が契約図書類に基づき提出した書類又は書面で申し出た事項については、必要に応じて工事約款の規定に基づく発注者との手続きを経て、監理者が書面をもって了解することをいう。

なお、2章以降の「監督職員の承諾」は「監理者の承認」と読み替える。

(セ)「監理者の指示」とは、監理者が必要に応じて工事約款の規定に基づく発注者との手続きを経て、受注者等に対し、必要な事項を書面によって示すことをいう。

(ソ)「監理者と協議」とは、契約図書類に定める協議事項又は受注者等が提出した協議事項について、監理者と受注者等とが結論を得るために合議し、その結果を書面に残すことをいう。

なお、工事約款の規定により、当該協議に発注者が加わる場合がある。

(タ)「監理者の検査」とは、施工の各段階で受注者等が確認した施工状況、材料の試験結果又は仕上げ見本等について、受注者等より提出された品質管理記録に基づき、監理者が必要に応じて工事約款の規定に基づく発注者との手続きを経て、設計図書等との適否を判断することをいう。

なお、「品質管理記録」とは、品質管理として実施した項目、方法等について確認できる資料をいう。

(チ)「監理者の立会い」とは、監理者が臨場（遠隔臨場を含む。）により、工事の施工上必要な確認、指示、承認及び検査を行うことをいう。

(ツ)「監理者の確認」とは、監理者が必要に応じて監理契約又は工事約款の規定に基づく発注者との手続きを経て、受注者等が契約図書類に基づき提出した書類又は書面で申し出た事項について、監理者が確かめることをいい、建築士法第2条第8項の「工事監理」で行う確認を含む。

(テ)「監理者に報告」とは、受注者等が監理者に対し、工事の状況又は結果について書面をもって知らせることをいう。

なお、工事約款の規定により、当該報告が発注者への報告事項となる場合がある。

(ト)「監理者に提出」とは、受注者等が監理者に対し、工事に関わる書面又はその他の資料を説明し、差し出すことをいう。

なお、工事約款の規定により、当該提出が発注者への提出事項となる場合がある。

(ケ)「基本要求品質」とは、工事目的物の引渡しに際し、施工の各段階における完成状態が有している品質をいう。

(ニ)「品質計画」とは、設計図書等で要求された品質を満たすために、受注者等が、工事において使用予定の工事材料、建築設備の機器、仕上げの程度、性能、精度等の目標、品質管理及び体制について具体的に示すことをいう。

(ヌ)「品質管理」とは、受注者等が品質計画における目標を施工段階で実現するために行う管理の項目、方法等をいう。

(ネ)「JIS」とは、「産業標準化法」（昭和24年 法律第185号）に基づく日本産業規格をいう。

(ノ)「JAS」とは、「日本農林規格等に関する法律」（昭和25年 法律第175号)に基づく日本農林規格をいう。

(ハ)「規格証明書」とは、設計図書等に定められた規格、基準等に適合することの証明となるもので、当該規格、基準等の制度によって定められた者が発行した資料をいう。

(ヒ)「一工程の施工」とは、施工の工程において、同一の材料を用い、同一の施工方法により作業が行われる場合で、発注者又は監理者の承認を受けたものをいう。

(フ)「概成工期」とは、建築物等の使用を想定して総合試運転調整を行ううえで、工事約款に定める関連工事（以下「関連工事」という。）を含めた各工事が支障のない状態にまで完了しているべき期限をいう。

1.1.3
官公署その他への届出手続等

(1) 工事の着手、施工及び完成に当たり、関係法令等に基づく官公署その他の関係機関への必要な届出手続等を直ちに行う。

(2) (1)に規定する届出手続等を行うに当たり、届出内容について、あらかじめ発注者及び監理者に報告する。

(3) 関係法令等に基づく官公署その他の関係機関の検査に必要な資機材、労務等を提供する。

1.1.4
書面の書式及び取扱い

(1) 協議、承認、通知、指示、請求等の書面を提出する場合の書式（提出部数を含む。）は、設計図書等に定めがあるほか、発注者又は監理者との協議による。

(2) 施工体制台帳及び施工体系図については、「建設業法」

（昭和 24 年 法律第 100 号）に基づき作成し、工事現場内に備え置き、又は掲示する。

**1.1.5
設計図書等の取扱い**

(1) 設計図書等及び設計図書等において適用される必要な図書を工事現場内に備える。

(2) 設計図書等及び工事関係図書を、別段の合意をする場合を除き、工事の施工の目的以外で第三者に使用又は閲覧等させてはならない。また、その内容を漏洩してはならない。

**1.1.6
関連工事の調整**

関連工事については、発注者又は発注者が別の契約において、工事間の調整を委託した監理者若しくは第三者の調整に協力し、契約図書類の定めに従って、当該工事関係者とともに、工事全体の円滑な施工に努める。

**1.1.7
疑義に対する協議等**

(1) 設計図書等に定められた内容に疑義が生じた場合又は現場の納まり、取合い等の関係で、設計図書等によることが困難若しくは不都合が生じたときは、書面をもって発注者又は監理者に通知し協議する。

(2) (1)の協議を行った結果、設計図書等の訂正又は変更を行う場合の措置は、契約図書類の定めによる。

(3) (1)の協議を行った結果、設計図書等の訂正又は変更に至らない事項は、1.2.4(2)による。

**1.1.8
工事の一時中止に係る事項**

次の(ア)から(ク)までのいずれかに該当し、工事の一時中止が必要となった場合は、直ちにその状況を発注者及び監理者に書面又は資料をもって報告し、発注者及び監理者と協議する。

(ア) 埋蔵文化財調査の遅延又は埋蔵文化財が新たに発見されたとき。

(イ) 関連工事の進捗が遅れたとき。

(ウ) 工事の着手後、周辺環境問題等が発生したとき。

(エ) 第三者又は工事関係者の安全を確保するとき。

(オ) 敷地内に地中障害物・汚染土壌などを発見したとき。

(カ) 工事約款に定められた中止権を行使するとき。

(キ) 暴風、豪雨、洪水、高潮、地震、地すべり、落盤、火災、騒乱、暴動その他の自然的又は人為的な事象で、受注者の責めに帰すことができない事由により、工事目的物等に損害を生じた場合又は工事現場の状態が変動したとき。

(ク) その他の不可抗力が発生したとき。

1.1.9 **工期の変更に** **係る資料の提出**	発注者及び受注者が、必要により工期の変更をする場合、受注者は、可能な変更日数の算出根拠、変更工程表その他の必要な資料を発注者に提出するものとする。
1.1.10 **特許の出願等**	工事の施工上の必要から材料、施工方法等を考案し、これに関する特許の出願等を行う場合は、あらかじめ発注者と協議する。
1.1.11 **埋蔵文化財** **その他の物件**	工事の施工に当たり、埋蔵文化財その他の物件を発見した場合は、直ちにその状況を発注者又は監理者に報告する。その後の措置については、発注者と協議のうえで発注者の指示に従う。 　なお、工事に関連した埋蔵文化財その他の物件の発見に係る権利は、発注者に帰属する。
1.1.12 **関係法令等** **の　遵　守**	工事の施工に当たり、関係法令等に基づき、工事の円滑な進行を図る。

2節　工事関係図書

1.2.1 **実 施 工 程 表**	(1) 工事の着手に先立ち、実施工程表を作成し発注者に、その写しを監理者に提出する。 (2) 施工条件の設計図書等との不一致、工事内容の変更等により、実施工程表を変更する必要が生じた場合は、施工等に支障がないよう実施工程表を直ちに変更し、当該部分の施工に先立ち、発注者及び監理者に提出する。 (3) (2)によるほか、実施工程表の内容を変更する必要が生じた場合は、発注者及び監理者に報告するとともに、施工等に支障がないよう適切な措置を講ずる。 (4) 発注者又は監理者の指示を受けた場合は、実施工程表の補足として、週間工程表、月間工程表、工種別工程表等を作成し、発注者及び監理者に提出する。 (5) 概成工期が特記された場合は、実施工程表にこれを明記する。 (6) 関連工事がある場合は、当該工事関係者と調整を図るとともに、その結果を発注者及び監理者に報告する。
1.2.2 **施 工 計 画 書**	(1) 工事の着手に先立ち、工事の総合的な品質や安全に係る計画をまとめた総合施工計画書を作成し、監理者に提出する。

(2) 品質計画、一工程の施工の確認及び施工の具体的な計画を定めた工種別の施工計画書を、当該工事の施工に先立ち作成し、監理者に提出する。ただし、あらかじめ監理者と協議のうえ、提出を省略することができる。

(3) (1)及び(2)の施工計画書のうち品質計画に係る部分については、監理者の確認を受ける。

(4) 施工計画書の内容を変更する必要が生じた場合は、監理者に報告するとともに、施工等に支障がないよう適切な措置を講ずる。

(5) 関連工事がある場合は、当該工事関係者と調整を図るとともに、その結果を発注者及び監理者に報告する。

1.2.3 施 工 図

(1) 施工図を当該工事の施工に先立ち作成し、監理者の承認を受ける。ただし、あらかじめ設計図書等又は監理者の指示により承認を必要としない場合は、この限りでない。

(2) 施工図の作成に際し、関連工事との納まり等について、当該工事関係者と調整のうえ、十分検討する。

(3) 監理者の承認を受けた施工図の内容を変更する必要が生じた場合は、監理者に報告し、監理者と協議のうえ、変更の承認を受けるとともに、施工等に支障がないよう適切な措置を講ずる。

1.2.4 工事の記録等

(1) 工事約款に基づき発注者に履行報告を行う。報告に用いる書式等は特記による。特記が無ければ、工事の全般的な経過を記載した書式とする。

(2) 発注者又は監理者が指示した事項及び発注者又は監理者と協議した結果について、直ちに記録を作成し、発注者及び監理者に提出する。

(3) 工事の施工に際し、試験を行った場合は、直ちに記録を作成し、発注者又は監理者に提出する。

(4) 次の(ア)から(エ)までのいずれかに該当する場合は、施工の記録、工事写真、見本等を整備する。

 (ア) 設計図書等に定められた施工の確認を行ったとき。

 (イ) 工事の施工の進捗により隠ぺい状態となるなど、後日の目視による検査が不可能又は容易でない部分の施工を行うとき。

 (ウ) 一工程の施工を完了したとき。

 (エ) 施工の適切なことを証明する必要があるとして、発注者又は監理者の指示を受けたとき。

(5) 工事写真の撮影対象は、特記による。特記がなければ、監理者と協議する。

(6) (1)及び(4)の記録等について、発注者又は監理者より請求されたときは、発注者又は監理者に提示又は提出する。

1.2.5
請負代金内訳書、工程表

(1) 工事約款に基づき、請負代金内訳書及び工程表を発注者に、それぞれの写しを監理者に提出し、請負代金内訳書については監理者の確認を受ける。
(2) 工事内容の変更等により請負代金内訳書を変更する必要が生じた場合には、増減額項目、変更仕様、変更数量・金額の算出根拠その他必要な資料をあらかじめ発注者及び監理者に提出し、発注者の承認を受ける。

3節　工事現場管理

1.3.1
施工管理

(1) 設計図書等に適合する工事目的物を完成させるために、施工管理体制を確立し、品質、工程、安全等の施工管理を行う。
(2) 工事の施工に携わる下請負人に、工事関係図書、発注者及び監理者によるこの工事に必要な指示等の内容を周知徹底する。

1.3.2
施工管理技術者

(1) 施工管理技術者は、品質確保の観点から工事内容及び工法に相応した施工の管理と指導を行う者をいい、2章以下において定める場合にあっては当該者又はこれらと同等以上の能力のある者とする。
(2) 施工管理技術者の資格又は能力を証明する資料を、発注者及び監理者に提出する。

1.3.3
電気保安技術者

(1) 電気保安技術者は、電気事業法に定める電気主任技術者の指示に従い、当該工事における電気工作物の保安の業務を行う者とし、適用は特記による。
(2) 電気保安技術者の資格及び経験に関する資料を、発注者に提出する。
(3) 電気保安技術者は、必要があるときは電気工作物の保安の業務について、発注者に報告を行う。

1.3.4
工事用電力設備の保安責任者

(1) 工事用電力設備の保安責任者を定め、発注者又は監理者に報告をする。
(2) 保安責任者は、関係法令に基づき、適切に工事用電力設備の保安の業務を行うものとし、必要があるときは発注者又は監理者に報告を行う。

1.3.5 **施 工 条 件**	(1) 工事請負契約書によるほか、設計図書等にこの工事の施工日又は施工時間が定められている場合で、その施工日又は施工時間を変更する必要がある場合は、あらかじめ発注者及び監理者と協議のうえ、発注者の承認を受ける。 (2) (1)以外の施工条件は、契約図書類の定めによる。
1.3.6 **品 質 管 理**	(1) 1.2.2(2)による品質計画に基づき、適切な時期に必要な品質管理を行う。 (2) 設計図書等の定めのあるほか、必要に応じて監理者の検査等を受ける。 (3) 品質管理の結果、疑義が生じた場合は、発注者又は監理者と協議する。
1.3.7 **製造者及び専門** **工事業者の選定**	(1) 設計図書等の定めによるほか、発注者又は監理者の指示により、主要材料、製品、機器の製造者及び専門工事業者を選定し、発注者及び監理者に提出する。 (2) 設計図書等に定めのない場合又は「同等以上」と記載がある場合は、その能力（生産力、品質管理能力など）の判定に必要な資料を提出して、発注者又は監理者の確認を受ける。
1.3.8 **施 工 中 の** **安 全 確 保**	(1) 「建築基準法」（昭和 25 年 法律第 201 号）、「労働安全衛生法」（昭和 47 年 法律第 57 号）その他関係法令等に基づくほか、「建設工事公衆災害防止対策要綱（建築工事等編）」（令和元年 9 月 2 日付け 国土交通省告示第 496 号）及び「建築工事安全施工技術指針」（平成 7 年 5 月 25 日付け 建設省営監発第 13 号、最終改正 平成 27 年 1 月 20 日付け 国営整第 216 号）を踏まえ、常に工事の安全に留意して工事現場管理を行い、施工に伴う災害及び事故の防止に努める。 (2) 同一場所にて関連工事が行われる場合は、受注者間で調整を図り、「労働安全衛生法」に基づく必要な措置を講ずる。 (3) 気象予報又は警報等について、常に注意を払い、災害の予防に努める。 (4) 工事の施工に当たり、工事箇所並びにその周辺にある地上及び地下の既設構造物、既設配管等に対して、支障をきたさないような施工方法等を定める。ただし、これにより難い場合は、発注者及び監理者と協議する。 (5) 火気を使用する場合又は作業で火花等が発生する場合

は、火気の取扱いに十分注意するとともに、適切な消火設備、防炎シート等を設けるなど、火災の防止措置を講ずる。

(6) 工事の施工に当たり、近隣等との折衝は、次による。また、その経過について記録し、直ちに発注者及び監理者に報告する。

(ｱ) 地域住民等と工事の施工上必要な折衝を行うものとし、あらかじめその概要を発注者及び監理者に報告する。

(ｲ) 工事に関して、第三者から説明の要求又は苦情があった場合は、直ちに誠意をもって対応する。ただし、緊急を要しない場合、あらかじめその概要を発注者及び監理者に報告のうえ、対応する。

1.3.9
交通安全管理

工事材料、土砂等の搬送計画及び通行経路の選定その他車両の通行に関する事項について、関係機関と調整のうえ、交通安全の確保に努める。

1.3.10
災害等発生時の
安全確保

災害及び事故が発生した場合は、人命の安全確保を全てに優先させるとともに、二次災害が発生しないよう工事現場の安全確保に努め、直ちにその経緯を発注者及び監理者に報告する。

1.3.11
施工中の
環境保全等

(1) 「建築基準法」、「建設工事に係る資材の再資源化等に関する法律」（平成 12 年 法律第 104 号。以下「建設リサイクル法」という。）、「環境基本法」（平成 5 年 法律第 91 号）、「騒音規制法」（昭和 43 年 法律第 98 号）、「振動規制法」（昭和 51 年 法律第 64 号）、「大気汚染防止法」（昭和 43 年 法律第 97 号）、「水質汚濁防止法」（昭和 45 年 法律第 138 号）、「廃棄物の処理及び清掃に関する法律」（昭和 45 年 法律第 137 号。以下「廃棄物処理法」という。）、「土壌汚染対策法」（平成 14 年 法律第 53 号）、「資源の有効な利用の促進に関する法律」（平成 3 年 法律第 48 号。以下「資源有効利用促進法」という。）、「宅地造成等規制法」（昭和 36 年 法律第 191 号）その他関係法令等に基づくほか、「建設副産物適正処理推進要綱」（平成 5 年 1 月 12 日付け 建設省経建発第 3 号、最終改正 平成 14 年 5 月 30 日付け 国官総第 122 号他）を踏まえ、工事の施工の各段階において、騒音、振動、粉じん、臭気、大気汚染、水質汚濁等の影響が生じないよう、周辺の環境保全に努める。

(2) 仕上塗材、塗料、シーリング材、接着剤その他の化学製品の取扱いに当たり、当該製品の製造所が作成したJIS Z 7253（GHSに基づく化学品の危険有害性情報の伝達方法－ラベル、作業場内の表示及び安全データシート（SDS））による安全データシート（SDS）を常備し、記載内容の周知徹底を図るため、ラベル等により、取り扱う化学品の情報を作業場内に表示し、作業者の健康、安全の確保及び環境保全に努める。

(3) 工事期間中は、作業環境の改善、工事現場の美化等に努める。

1.3.12
発生材の処理等

(1) 発生材の抑制、再利用及び再資源化並びに再生資源の積極的活用に努める。

なお、設計図書等に定められた場合以外に、発生材の再利用及び再資源化並びに再生資源の活用を行う場合は、発注者と協議する。

(2) 発生材の処理は、次による。

(ア) 発生材のうち、発注者に引渡しを要するものは、特記による。

なお、引渡しを要するものと指定されたものは、発注者の指示を受けた場所に保管する。また、保管したものの調書を作成し、発注者に提出する。

(イ) 特別管理産業廃棄物の種類及び処理方法は、特記による。

(ウ) 発生材のうち、現場において再利用を図るもの及び再資源化を図るものは、特記による。

なお、再資源化を図るものと指定されたものは、分別を行い、所定の再資源化施設等に搬入する。また、搬入したものの調書を作成し、発注者に提出する。

(エ) (ア)から(ウ)以外のものは全て工事現場外に搬出し、「建設リサイクル法」、「資源有効利用促進法」、「廃棄物処理法」その他関係法令等に基づくほか、「建設副産物適正処理推進要綱」を踏まえ適切に処理のうえ、発注者に書面で報告する。

(3) 本章及び2章以下に規定された建設発生土の処理については、前(1)及び(2)に定めるもののほか、工事請負契約書7. 及び特記による。

1.3.13
養　　　生

既存施設部分、工事目的物の施工済み部分等について、汚損しないよう適切な養生を行う。

<table>
<tr><td>1.3.14
後 片 付 け</td><td>工事の完成に当たり、建築物等の内外の後片付け及び清掃を行う。</td></tr>
</table>

4節 材 料

<table>
<tr><td>1.4.1
環境への配慮</td><td>(1) 工事に使用する材料の選定に当たっては、環境負荷の低減に配慮する。
(2) 工事に使用する材料は、揮発性有機化合物の放散による健康への影響に配慮し、かつ、石綿を含有しないものとする。</td></tr>
<tr><td>1.4.2
材料の品質等</td><td>(1) 工事に使用する材料は、設計図書等に定める品質及び性能を有するものとし、新品とする。ただし、設計図書等に定めのある場合は、この限りでない。
　なお、「新品」とは、品質及び性能が製造所から出荷された状態であるものを指し、製造者による使用期限等の定めがある場合を除き、製造後一定期間以内であることを条件とするものではない。
(2) 工事に使用する材料が、設計図書等に定める品質及び性能を有することの証明となる資料を、監理者に提出する。ただし、設計図書等においてJIS又はJASによると指定された材料で、JIS又はJASのマーク表示のあるものを使用する場合及びあらかじめ監理者の承認を受けた場合は、資料の提出を省略することができる。
(3) 調合を要する材料については、調合に先立ち、調合表等を監理者に提出する。
(4) 材料の色、柄等については、発注者又は監理者の指示を受ける。
(5) 設計図書等に定められた材料の見本を提示又は提出し、材質、仕上げの程度、色合、柄等について、あらかじめ発注者又は監理者の承認を受ける。
(6) 設計図書等に定められた規格等が改正された場合は、1.1.7 による。</td></tr>
<tr><td>1.4.3
材料の搬入</td><td>材料の搬入ごとに、監理者に報告する。ただし、あらかじめ監理者の承認を受けた場合は、この限りでない。</td></tr>
<tr><td>1.4.4
材料の検査等</td><td>(1) 工事現場に搬入した材料は、種別ごとに監理契約に基づく監理者の検査を受ける。ただし、あらかじめ監理者の承認を受けた場合は、この限りでない。</td></tr>
</table>

(2) (1)による検査の結果、合格した材料と同じ種別の材料は、以後、抽出検査とすることができる。ただし、監理者の指示を受けた場合は、この限りでない。

(3) (1)による検査の結果、不合格となった材料は、直ちに工事現場外に搬出する。

(4) 設計図書等に定めるJIS若しくはJASのマーク表示のある材料又は規格、基準等の規格証明書が添付された材料は、設計図書等に定める品質及び性能を有するものとして、取り扱うことができる。

**1.4.5
材料の検査
に伴う試験**

(1) 材料の品質及び性能を試験により証明する場合は、設計図書等に定める試験方法による。ただし、設計図書等に定めがない場合は、受注者の提案による試験方法とし、発注者又は監理者の確認を受ける。

(2) 試験の実施に当たり、試験計画書を作成し、発注者又は監理者の確認を受ける。

(3) 試験は、監理者の立会いを受けて行う。ただし、あらかじめ発注者又は監理者の承認を受けた場合は、この限りでない。

(4) 試験の結果は、1.2.4(3)により発注者又は監理者に提出する。

**1.4.6
材料の保管**

搬入した材料は、工事に使用するまで、破損、変質等がないよう保管する。また、破損、変質等により使用することが適当でないものは、この工事に使用してはならない。

**1.4.7
支給材料、
貸　与　品**

(1) 支給材料、貸与品について発注者の行った検査又は試験の結果について疑義のあるときは、発注者と協議する。

(2) 引渡を受けた支給材料、貸与品の保管は、工事に使用するまで、変質等がないよう保管する。

なお、破損、変質等により工事に使用することが適当でないものは、発注者及び監理者と協議する。

5節　施　工

**1.5.1
施　　　工**

(1) 施工は、設計図書等、実施工程表、施工計画書、施工図に基づき、行う。

(2) 関連する設備工事等で、コンクリート打込み等により、隠ぺい状態となる場合は、当該関連工事の施工の検査が完了するまで、当該部分の施工を行わない。ただし、発注者の承認を受けた場合は、この限りでない。

1.5.2 技　能　士	(1) 技能士は、「職業能力開発促進法」(昭和44年 法律第64号) による一級技能士又は単一等級の資格を有する技能士をいい、適用する技能検定の職種及び作業の種別は、特記による。 (2) 技能士は、適用する工事作業中、1名以上の者が自ら作業をするとともに、他の作業従事者に対して、施工品質の向上を図るための作業指導を行う。 (3) 技能士の資格を証明する資料を、監理者に提出する。
1.5.3 技 能 資 格 者	(1) 技能資格者は、工事に相応した能力を有する者とする。 (2) 技能資格者の資格等の能力を証明する資料を、監理者に提出する。
1.5.4 一工程の施工の 確 認 及 び 報 告	一工程の施工を完了したとき又は工程の途中において監理者の指示を受けた場合は、その施工が設計図書等に適合することを確認し、適時、発注者又は監理者に報告する。
1.5.5 施 工 の 検 査 等	(1) 設計図書等に定められた場合又は1.5.4により報告した場合は、発注者又は監理者の検査を受ける。 (2) (1)による検査の結果、合格した工程と同じ材料及び工法により施工した部分は、以後、抽出検査とすることができる。ただし、発注者又は監理者の指示を受けた場合は、この限りでない。 (3) 設計図書等に定められた法定検査内容については、1.6.2による。 (4) 設計図書等に定められたその他の検査内容については、1.6.3による。 (5) (1)に定める検査に必要な資機材及び労務等を提供する。
1.5.6 施 工 の 検 査 等 に 伴 う 試 験	施工の検査等に伴う試験は、1.4.5に準じて行う。
1.5.7 施 工 の 立 会 い	(1) 設計図書等に定められた場合又は監理者の指示を受けた場合の施工は、監理者の立会いを受ける。この際、適切な時期に監理者に対して立会いの請求を行うものとし、立会いの日時について監理者の指示を受ける。 (2) 監理者の立会に必要な資機材、労務等を提供する。

1.5.8
工法等の提案

(1) 設計図書等に定められた工法等以外について、次の提案がある場合、発注者及び監理者と協議する。
　(ア) 所定の品質及び性能の確保が可能な工法等の提案
　(イ) 環境の保全に有効な工法等の提案
　(ウ) 生産性向上に有効な工法等の提案
(2) (1)の工法等の提案は、監理者の確認を受け、発注者の書面による承認を得て採用する。
(3) (2)の工法等変更の採用について、当該工法等が設計変更に当たると監理者が認めた場合の対応は、発注者の指示によるものとし、工事の変更についての扱いは工事約款の定めによる。

1.5.9
化学物質の濃度測定

(1) 建築物の室内空気中に含まれる化学物質の濃度測定の実施は、特記による。
(2) 測定時期、測定対象化学物質、測定方法、測定対象室及び測定箇所数等は、特記による。
(3) 測定を実施した場合は、測定結果を取りまとめ、発注者及び監理者に提出する。

6節　完成、検査

1.6.1
完成、検査

完成、検査は工事約款「第23条（完成、検査)」に、部分引渡しの指定部分に係る完成、検査は工事約款「第25条（部分引渡し)」に、部分払の請求に係る出来形部分等の検査は工事約款「第26条（請求、支払、引渡し)」による。

1.6.2
法定検査

法定検査は、工事約款「第23条の2（法定検査)」による。

1.6.3
その他の検査

その他の検査は、工事約款「第23条の3（その他の検査)」による。

7節　完成図等

1.7.1
完成時の提出図書

(1) 工事完成時の提出図書は、特記による。特記がなければ、1.7.2及び1.7.3による。
(2) (1)の図書に目録を添付し、発注者及び監理者に提出する。

| 1.7.2
完　成　図 | (1) 完成図は、工事目的物の完成時の状態を表現したものとし、種類及び記載内容は、特記による。特記がなければ、表 1.7.1 による。 |

表 1.7.1　完成図の種類及び記入内容

種　　類	記　入　内　容
配置図及び案内図	敷地及び建築物等の面積表、屋外排水系統図、外構、植栽
各　階　平　面　図	室名、室面積、耐震壁
各　立　面　図	外壁仕上げ
断　　面　　図	階高、天井高等を表示し、2面以上作成
仕　　上　　表	屋外、屋内の仕上げ

(2) 完成図の様式等は、次による。

　(ア) 完成図の作成方法及び用紙のサイズは、特記による。特記がなければ、完成図はCAD等で作成する。

　　　なお、寸法、縮尺、文字、図示記号等は、設計図書等に準ずる。

　(イ) 提出するものは、特記による。特記がなければ、電磁的記録により作成した完成図（PDF）及びその出力図（2部）とする。

1.7.3　保全に関する資料

(1) 保全に関する資料は、特記による。特記がなければ次による。

　(ア) 建築物等の利用に関する説明書（保証書を含む。）

　(イ) 機器取扱い説明書（主要機器一覧表を含む。）

　(ウ) 機器性能試験成績書

　(エ) 官公署届出書類

　(オ) 総合試運転報告書

　(カ) その他、保全マニュアル、長期修繕計画書等の作成は特記による。

(2) (1)の資料の作成に当たり、発注者又は監理者と記載事項に関する協議を行い、提出時に、発注者及び監理者に内容の説明を行う。

1.7.4　図書の保管

　「建設業法」及び「建設業法施行規則」に定められた図書は、「建設業法施行規則」に定められたとおり以下の図書を、目的物の引渡しから10年間保管するものとする。

　　　　(ｱ) この工事の施工上の必要に応じて作成した、又は発
　　　　　注者から受領した完成図
　　　　(ｲ) この工事の施工上の必要に応じて作成した、工事内
　　　　　容に関する発注者との打合せ記録
　　　　(ｳ) 施工体系図

2章　仮設工事から　23章　植栽及び屋上緑化工事まで

「公共建築工事標準仕様書（建築工事編）令和4年版」による。

　　2章　仮設工事
　　3章　土工事
　　4章　地業工事
　　5章　鉄筋工事
　　6章　コンクリート工事
　　7章　鉄骨工事
　　8章　コンクリートブロック、ＡＬＣパネル及び押出成形セメント板工事
　　9章　防水工事
　10章　石工事
　11章　タイル工事
　12章　木工事
　13章　屋根及びとい工事
　14章　金属工事
　15章　左官工事
　16章　建具工事
　17章　カーテンウォール工事
　18章　塗装工事
　19章　内装工事
　20章　ユニット及びその他の工事
　21章　排水工事
　22章　舗装工事
　23章　植栽及び屋上緑化工事

電気設備工事編

第1編　一般共通事項
第1章　一般事項

第1節　総　　則

1.1.1
適　　用

(1) 適用範囲
　　本工事共通仕様書（電気設備工事編）（以下「共通仕様書」という。）は、建築物等の新築及び増築に係る電気設備工事に適用する。

(2) 受注者は、工事請負契約書、民間(七会)連合協定工事請負契約約款（以下「工事約款」という。）及び設計図書等（1.1.2(キ)の「設計図書等」をいう。）に従い、責任をもってこの工事（「工事約款第1条の2（用語の定義）」に定める「この工事」をいう。以下同じ。）を履行する。

(3) 共通仕様書の構成と適用
　　(ア) 共通仕様書は、第1編 第1章及び第1編 第2章並びに第2編から第8編までの各章で構成され、第1編 第2章から第8編までは公共建築工事標準仕様書（電気設備工事編）令和4年版による。
　　　　なお、第1編 第2章以降の読み替え項目については、1.1.2(ウ)「監理者」、1.1.2(キ)「設計図書等」、1.1.2(ス)「監理者の承認」を参照する。
　　(イ) 共通仕様書の第1編 第2章以降の各章は、第1編 第1章と併せてこの工事に適用する。

(4) 契約図書類とその優先順位
　　次の(ア)から(キ)の「契約図書類」は、相互に補完する。ただし、契約図書類間に相違がある場合の適用の優先順位は、(ア)から(キ)までの順番のとおりとし、これにより難い場合は、1.1.7による。
　　(ア) 工事請負契約書
　　(イ) 工事約款
　　(ウ) 質問回答書（(エ)から(キ)までに対する質問の回答書をいう。）
　　(エ) 現場説明書（見積要項書）
　　(オ) 特記仕様書
　　(カ) 設計図面
　　(キ) 共通仕様書

1.1.2
用 語 の 定 義

共通仕様書の用語の定義は、次による。

(ア)「発注者」とは、この工事を注文した者をいう。

(イ)「受注者」とは、この工事を請け負った者をいう。
なお、「受注者等」という場合は、工事請負契約書に記名押印した受注者又は受注者が工事約款に基づいて定めた現場代理人をいう。

(ウ)「監理者」とは、この工事に関し、発注者との間で締結した監理業務の委託契約（以下「監理契約」という。）に基づき、当該監理業務に従事する者（工事約款に定める監理者を含む。）をいい、建築士法第2条第8項で定める工事監理並びに同法第18条第3項及び同法第20条第3項で定める工事監理者の業務にあっては、当該業務を行う建築士事務所に所属する建築士をいう。
なお、第1編 第2章以降の「監督職員」は「監理者」と読み替える。ただし、当該監理者の業務が監理契約に含まれない業務の場合は、「発注者」に読み替える。

(エ)「監理業務」とは、この工事に関し、発注者と監理者が締結した監理契約に定められる業務をいい、建築士法第2条第8項で定める工事監理並びに同法第18条第3項及び同法第20条第3項で定める工事監理者の業務を含む。

(オ)「発注者又は監理者」とは、発注者、監理者のどちらかをいい、監理契約に含まれる業務の場合は、監理者をいう。

(カ)「発注者及び監理者」とは、監理契約に関わらず、発注者、監理者の両者をいう。

(キ)「設計図書等」とは、この工事の工事請負契約書に添付された1.1.1(4)の(ウ)から(キ)までをいう。ただし、構造計算書及び設備にかかる計算書その他各種計算書は含まない。
なお、第1編 第2章以降の「設計図書」は「設計図書等」と読み替える。

(ク)「特記」とは、この工事の工事請負契約書に添付された1.1.1(4)の(ウ)から(カ)までに指定された事項をいう。

(ケ)「工事用図書」とは、設計図書等及び発注者又は監理者によって承認された施工図をいう。

(コ)「工事関係図書」とは、実施工程表、施工計画書、施工図、工事写真その他これらに類する施工、試験等の報告及び記録に関する図書をいう。

(サ)「施工図」とは、設計図書等の定めにより受注者が
作成した、この工事に必要な躯体図、工作図、製作図
等をいう。

(シ)「書面」とは、発行年月日が記載され、署名又は押
印された文書をいう。

(ス)「監理者の承認」とは、受注者等が契約図書類に基
づき提出した書類又は書面で申し出た事項について
は、必要に応じて工事約款の規定に基づく発注者との
手続きを経て、監理者が書面をもって了解することを
いう。

　なお、第1編 第2章以降の「監督職員の承諾」は「監
理者の承認」と読み替える。

(セ)「監理者の指示」とは、監理者が必要に応じて工事
約款の規定に基づく発注者との手続きを経て、受注者
等に対し、必要な事項を書面によって示すことをいう。

(ソ)「監理者と協議」とは、契約図書類に定める協議事
項又は受注者等が提出した協議事項について、監理者
と受注者等とが結論を得るために合議し、その結果を
書面に残すことをいう。

　なお、工事約款の規定により、当該協議に発注者が
加わる場合がある。

(タ)「監理者の検査」とは、施工の各段階で受注者等が
確認した施工状況、機器及び材料の試験結果又は仕上
げ見本等について、受注者等より提出された品質管理
記録に基づき、監理者が必要に応じて工事約款の規定
に基づく発注者との手続きを経て、設計図書等との適
否を判断することをいう。

　なお、「品質管理記録」とは、品質管理として実施
した項目、方法等について確認できる資料をいう。

(チ)「監理者の立会い」とは、監理者が臨場(遠隔臨場
を含む。)により、工事の施工上必要な確認、指示、
承認及び検査を行うことをいう。

(ツ)「監理者の確認」とは、監理者が必要に応じて監理
契約又は工事約款の規定に基づく発注者との手続きを
経て、受注者等が契約図書類に基づき提出した書類又
は書面で申し出た事項について、監理者が確かめるこ
とをいい、建築士法第2条第8項の「工事監理」で行
う確認を含む。

(テ)「監理者に報告」とは、受注者等が監理者に対し、
工事の状況又は結果について書面をもって知らせるこ
とをいう。

なお、工事約款の規定により、当該報告が発注者への報告事項となる場合がある。

(ﾄ)　「監理者に提出」とは、受注者等が監理者に対し、工事に関わる書面又はその他の資料を説明し、差し出すことをいう。

　　なお、工事約款の規定により、当該提出が発注者への提出事項となる場合がある。

(ﾁ)　「品質計画」とは、設計図書等で要求された品質を満たすために、受注者等が、工事において使用予定の工事材料、建築設備の機器、仕上げの程度、性能、精度等の目標、品質管理及び体制について具体的に示すことをいう。

(ﾆ)　「品質管理」とは、受注者等が品質計画における目標を施工段階で実現するために行う管理の項目、方法等をいう。

(ﾇ)　「JIS」とは、「産業標準化法」(昭和24年　法律第185号) に基づく日本産業規格をいう。

(ﾈ)　「規格証明書」とは、設計図書等に定められた規格、基準等に適合することの証明となるもので、当該規格、基準等の制度によって定められた者が発行した資料をいう。

(ﾉ)　「一工程の施工」とは、施工の工程において、同一の材料を用い、同一の施工方法により作業が行われる場合で、発注者又は監理者の承認を受けたものをいう。

(ﾊ)　「概成工期」とは、建築物等の使用を想定して総合試運転調整を行ううえで、工事約款に定める関連工事 (以下「関連工事」という。) を含めた各工事が支障のない状態にまで完了しているべき期限をいう。

(ﾋ)　「必要に応じて」とは、これに続く事項について、受注者等が施工上の措置を判断すべき場合においては、あらかじめ発注者又は監理者の承認を受けて対処すべきことをいう。

(ﾌ)　「原則として」とは、これに続く事項について、受注者等が遵守すべきことをいうが、あらかじめ発注者又は監理者の承認を受けた場合若しくは「ただし書」のある場合は、他の手段によることができることをいう。

(ﾍ)　「標準図」とは、公共建築設備工事標準図 (電気設備工事編) 令和4年版をいう。

1.1.3
官公署その他
への届出手続等

(1) 工事の着手、施工及び完成に当たり、関係法令等に基づく官公署その他の関係機関への必要な届出手続等を直ちに行う。
(2) (1)に規定する届出手続等を行うに当たり、届出内容について、あらかじめ発注者及び監理者に報告する。
(3) 関係法令等に基づく官公署その他の関係機関の検査に必要な資機材、労務等を提供する。

1.1.4
書面の書式及び
取　扱　い

(1) 協議、承認、通知、指示、請求等の書面を提出する場合の書式（提出部数を含む。）は、設計図書等に定めがあるほか、発注者又は監理者との協議による。
(2) 施工体制台帳及び施工体系図については、「建設業法」（昭和24年 法律第100号）に基づき作成し、工事現場内に備え置き、又は掲示する。

1.1.5
設計図書等
の　取　扱　い

(1) 設計図書等及び設計図書等において適用される必要な図書を工事現場内に備える。
(2) 設計図書等及び工事関係図書を、別段の合意をする場合を除き、工事の施工の目的以外で第三者に使用又は閲覧等させてはならない。また、その内容を漏洩してはならない。

1.1.6
関連工事の調整

関連工事については、発注者又は発注者が別の契約において、工事間の調整を委託した監理者若しくは第三者の調整に協力し、契約図書類の定めに従って、当該工事関係者とともに、工事全体の円滑な施工に努める。

1.1.7
疑義に対する
協　議　等

(1) 設計図書等に定められた内容に疑義が生じた場合又は現場の納まり、取合い等の関係で、設計図書等によることが困難若しくは不都合が生じたときは、書面をもって発注者又は監理者に通知し協議する。
(2) (1)の協議を行った結果、設計図書等の訂正又は変更を行う場合の措置は、契約図書類の定めによる。
(3) (1)の協議を行った結果、設計図書等の訂正又は変更に至らない事項は、1.2.4(2)による。

1.1.8
工事の一時中止
に　係　る　事　項

次の(ア)から(ケ)までのいずれかに該当し、工事の一時中止が必要となった場合は、直ちにその状況を発注者及び監理者に書面又は資料をもって報告し、発注者及び監理者と協議する。

(ア) 埋蔵文化財調査の遅延又は埋蔵文化財が新たに発見されたとき。
(イ) 関連工事の進捗が遅れたとき。
(ウ) 工事の着手後、周辺環境問題等が発生したとき。
(エ) 第三者又は工事関係者の安全を確保するとき。
(オ) 敷地内に地中障害物・汚染土壌などを発見したとき。
(カ) 工事約款に定められた中止権を行使するとき。
(キ) 暴風、豪雨、洪水、高潮、地震、地すべり、落盤、火災、騒乱、暴動その他の自然的又は人為的な事象で、受注者の責めに帰すことができない事由により、工事目的物等に損害を生じた場合又は工事現場の状態が変動したとき。
(ク) その他の不可抗力が発生したとき。

1.1.9
工期の変更に係る資料の提出

発注者及び受注者が、必要により工期の変更をする場合、受注者は、可能な変更日数の算出根拠、変更工程表その他の必要な資料を発注者に提出するものとする。

1.1.10
特許の出願等

工事の施工上の必要から材料、施工方法等を考案し、これに関する特許の出願等を行う場合は、あらかじめ発注者と協議する。

1.1.11
埋蔵文化財その他の物件

工事の施工に当たり、埋蔵文化財その他の物件を発見した場合は、直ちにその状況を発注者又は監理者に報告する。その後の措置については、発注者と協議のうえで発注者の指示に従う。
なお、工事に関連した埋蔵文化財その他の物件の発見に係る権利は、発注者に帰属する。

1.1.12
関係法令等の遵守

工事の施工に当たり、関係法令等に基づき、工事の円滑な進行を図る。

第2節　工事関係図書

1.2.1
実施工程表

(1) 工事の着手に先立ち、実施工程表を作成し発注者に、その写しを監理者に提出する。
(2) 施工条件の設計図書等との不一致、工事内容の変更等により、実施工程表を変更する必要が生じた場合は、施工等に支障がないよう実施工程表を直ちに変更し、当該部分の施工に先立ち、発注者及び監理者に提出する。
(3) (2)によるほか、実施工程表の内容を変更する必要が

生じた場合は、発注者及び監理者に報告するとともに、施工等に支障がないよう適切な措置を講ずる。

(4) 発注者又は監理者の指示を受けた場合は、実施工程表の補足として、週間工程表、月間工程表、工種別工程表等を作成し、発注者及び監理者に提出する。

(5) 概成工期が特記された場合は、実施工程表にこれを明記する。

(6) 関連工事がある場合は、当該工事関係者と調整を図るとともに、その結果を発注者及び監理者に報告する。

1.2.2
施工計画書

(1) 工事の着手に先立ち、工事の総合的な品質や安全に係る計画をまとめた総合施工計画書を作成し、監理者に提出する。

(2) 品質計画、一工程の施工の確認及び施工の具体的な計画を定めた工種別の施工計画書を、当該工事の施工に先立ち作成し、監理者に提出する。ただし、あらかじめ監理者と協議のうえ、提出を省略することができる。

(3) (1)及び(2)の施工計画書のうち品質計画に係る部分については、監理者の確認を受ける。

(4) 施工計画書の内容を変更する必要が生じた場合は、監理者に報告するとともに、施工等に支障がないよう適切な措置を講ずる。

(5) 関連工事がある場合は、当該工事関係者と調整を図るとともに、その結果を発注者及び監理者に報告する。

1.2.3
施工図

(1) 施工図を当該工事の施工に先立ち作成し、監理者の承認を受ける。ただし、あらかじめ設計図書等又は監理者の指示により承認を必要としない場合は、この限りでない。

(2) 施工図の作成に際し、関連工事との納まり等について、当該工事関係者と調整のうえ、十分検討する。

(3) 監理者の承認を受けた施工図の内容を変更する必要が生じた場合は、監理者に報告し、監理者と協議のうえ、変更の承認を受けるとともに、施工等に支障がないよう適切な措置を講ずる。

1.2.4
工事の記録等

(1) 工事約款に基づき発注者に履行報告を行う。報告に用いる書式等は特記による。特記が無ければ、工事の全般的な経過を記載した書式とする。

(2) 発注者又は監理者が指示した事項及び発注者又は監理者と協議した結果について、直ちに記録を作成し、発注者及び監理者に提出する。

(3) 工事の施工に際し、試験を行った場合は、直ちに記録を作成し、発注者又は監理者に提出する。

(4) 次の(ア)から(エ)までのいずれかに該当する場合は、施工の記録、工事写真、見本等を整備する。

(ア) 設計図書等に定められた施工の確認を行ったとき。

(イ) 工事の施工の進捗により隠ぺい状態となるなど、後日の目視による検査が不可能又は容易でない部分の施工を行うとき。

(ウ) 一工程の施工を完了したとき。

(エ) 施工の適切なことを証明する必要があるとして、発注者又は監理者の指示を受けたとき。

(5) 工事写真の撮影対象は、特記による。特記がなければ、監理者と協議する。

(6) (1)及び(4)の記録等について、発注者又は監理者より請求されたときは、発注者又は監理者に提示又は提出する。

1.2.5
請負代金内訳書、
工　程　表

(1) 工事約款に基づき、請負代金内訳書及び工程表を発注者に、それぞれの写しを監理者に提出し、請負代金内訳書については監理者の確認を受ける。

(2) 工事内容の変更等により請負代金内訳書を変更する必要が生じた場合には、増減額項目、変更仕様、変更数量・金額の算出根拠その他必要な資料をあらかじめ発注者及び監理者に提出し、発注者の承認を受ける。

第3節　工事現場管理

1.3.1
施　工　管　理

(1) 設計図書等に適合する工事目的物を完成させるために、施工管理体制を確立し、品質、工程、安全等の施工管理を行う。

(2) 工事の施工に携わる下請負人に、工事関係図書、発注者及び監理者によるこの工事に必要な指示等の内容を周知徹底する。

1.3.2
施工管理技術者

(1) 施工管理技術者は、品質確保の観点から工事内容及び工法に相応した施工の管理と指導を行う者をいい、第1編 第2章以下において定める場合にあっては当該者又はこれらと同等以上の能力のある者とする。

(2) 施工管理技術者の資格又は能力を証明する資料を、発注者及び監理者に提出する。

1.3.3 **電気保安技術者**	(1) 電気保安技術者は、電気事業法に定める電気主任技術者の指示に従い、当該工事における電気工作物の保安の業務を行う者とし、適用は特記による。 (2) 電気保安技術者の資格及び経験に関する資料を、発注者に提出する。 (3) 電気保安技術者は、必要があるときは電気工作物の保安の業務について、発注者に報告を行う。
1.3.4 **工事用電力設備** **の保安責任者**	(1) 工事用電力設備の保安責任者を定め、発注者又は監理者に報告をする。 (2) 保安責任者は、関係法令に基づき、適切に工事用電力設備の保安の業務を行うものとし、必要があるときは発注者又は監理者に報告を行う。
1.3.5 **施 工 条 件**	(1) 工事請負契約書によるほか、設計図書等にこの工事の施工日及び施工時間が定められている場合で、その施工日又は施工時間を変更する必要がある場合は、あらかじめ発注者及び監理者と協議のうえ、発注者の承認を受ける。 (2) (1)以外の施工条件は、契約図書類の定めによる。
1.3.6 **品 質 管 理**	(1) 1.2.2(2)による品質計画に基づき、適切な時期に必要な品質管理を行う。 (2) 設計図書等の定めのあるほか、必要に応じて監理者の検査等を受ける。 (3) 品質管理の結果、疑義が生じた場合は、発注者又は監理者と協議する。
1.3.7 **製造者及び専門** **工事業者の選定**	(1) 設計図書等の定めによるほか、発注者又は監理者の指示により、主要材料、製品、機器の製造者及び専門工事業者を選定し、発注者及び監理者に提出する。 (2) 設計図書等に定めのない場合又は「同等以上」と記載がある場合は、その能力（生産力、品質管理能力など）の判定に必要な資料を提出して、発注者又は監理者の確認を受ける。
1.3.8 **施 工 中 の** **安 全 確 保**	(1) 「建築基準法」（昭和 25 年 法律第 201 号）、「労働安全衛生法」（昭和 47 年 法律第 57 号）その他関係法令等に基づくほか、「建設工事公衆災害防止対策要綱（建築工事等編）」（令和元年 9 月 2 日付け 国土交通省告示第

496 号）及び「建築工事安全施工技術指針」（平成 7 年 5 月 25 日付け 建設省営監発第 13 号、最終改正 平成 27 年 1 月 20 日付け 国営整第 216 号）を踏まえ、常に工事の安全に留意して工事現場管理を行い、施工に伴う災害及び事故の防止に努める。

(2) 同一場所にて関連工事が行われる場合は、受注者間で調整を図り、「労働安全衛生法」に基づく必要な措置を講ずる。

(3) 気象予報又は警報等について、常に注意を払い、災害の予防に努める。

(4) 工事の施工に当たり、工事箇所並びにその周辺にある地上及び地下の既設構造物、既設配管等に対して、支障をきたさないような施工方法等を定める。ただし、これにより難い場合は、発注者及び監理者と協議する。

(5) 火気を使用する場合又は作業で火花等が発生する場合は、火気の取扱いに十分注意するとともに、適切な消火設備、防炎シート等を設けるなど、火災の防止措置を講ずる。

(6) 工事の施工に当たり、近隣等との折衝は、次による。また、その経過について記録し、直ちに発注者及び監理者に報告する。

　(ｱ) 地域住民等と工事の施工上必要な折衝を行うものとし、あらかじめその概要を発注者及び監理者に報告する。

　(ｲ) 工事に関して、第三者から説明の要求又は苦情があった場合は、直ちに誠意をもって対応する。ただし、緊急を要しない場合、あらかじめその概要を発注者及び監理者に報告のうえ、対応する。

1.3.9 **交 通 安 全 管 理**	工事材料、土砂等の搬送計画及び通行経路の選定その他車両の通行に関する事項について、関係機関と調整のうえ、交通安全の確保に努める。
1.3.10 **災害等発生時の** **安 全 確 保**	災害及び事故が発生した場合は、人命の安全確保を全てに優先させるとともに、二次災害が発生しないよう工事現場の安全確保に努め、直ちにその経緯を発注者及び監理者に報告する。
1.3.11 **施 工 中 の** **環 境 保 全 等**	(1)「建築基準法」、「建設工事に係る資材の再資源化等に関する法律」（平成 12 年 法律第 104 号。以下「建設リサイクル法」という。）、「環境基本法」（平成 5 年 法律

第 91 号)、「騒音規制法」(昭和 43 年 法律第 98 号)、「振動規制法」(昭和 51 年 法律第 64 号)、「大気汚染防止法」(昭和 43 年 法律第 97 号)、「水質汚濁防止法」(昭和 45 年 法律第 138 号)、「廃棄物の処理及び清掃に関する法律」(昭和 45 年 法律第 137 号。以下「廃棄物処理法」という。)、「土壌汚染対策法」(平成 14 年 法律第 53 号)、「資源の有効な利用の促進に関する法律」(平成 3 年 法律第 48 号。以下「資源有効利用促進法」という。)、「宅地造成等規制法」(昭和 36 年 法律第 191 号) その他関係法令等に基づくほか、「建設副産物適正処理推進要綱」(平成 5 年 1 月 12 日付け 建設省経建発第 3 号、最終改正 平成 14 年 5 月 30 日付け 国官総第 122 号他)を踏まえ、工事の施工の各段階において、騒音、振動、粉じん、臭気、大気汚染、水質汚濁等の影響が生じないよう、周辺の環境保全に努める。

(2) 塗料、シーリング材、接着剤その他の化学製品の取扱いに当たり、当該製品の製造所が作成した JIS Z 7253 (GHSに基づく化学品の危険有害性情報の伝達方法－ラベル、作業場内の表示及び安全データシート(SDS))による安全データシート(SDS)を常備し、記載内容の周知徹底を図るため、ラベル等により、取り扱う化学品の情報を作業場内に表示し、作業者の健康、安全の確保及び環境保全に努める。

(3) 工事期間中は、作業環境の改善、工事現場の美化等に努める。

1.3.12
発生材の処理等

(1) 発生材の抑制、再利用及び再資源化並びに再生資源の積極的活用に努める。

　なお、設計図書等に定められた場合以外に、発生材の再利用及び再資源化並びに再生資源の活用を行う場合は、発注者と協議する。

(2)発生材の処理は、次による。

　(ア) 発生材のうち、発注者に引渡しを要するものは、特記による。

　　なお、引渡しを要するものと指定されたものは、発注者の指示を受けた場所に保管する。また、保管したものの調書を作成し、発注者に提出する。

　(イ) 特別管理産業廃棄物の種類及び処理方法は、特記による。

　(ウ) 発生材のうち、現場において再利用を図るもの及び再資源化を図るものは、特記による。

なお、再資源化を図るものと指定されたものは、分別を行い、所定の再資源化施設等に搬入する。また、搬入したものの調書を作成し、発注者に提出する。

(エ) (ア)から(ウ)以外のものは全て工事現場外に搬出し、「建設リサイクル法」、「資源有効利用促進法」、「廃棄物処理法」その他関係法令等に基づくほか、「建設副産物適正処理推進要綱」を踏まえ適切に処理のうえ、発注者に書面で報告する。

1.3.13
養　　　生

既存施設部分、工事目的物の施工済み部分等について、汚損しないよう適切な養生を行う。

1.3.14
後 片 付 け

工事の完成に当たり、建築物等の内外の後片付け及び清掃を行う。

第4節　機器及び材料

1.4.1
環境への配慮

(1) 工事に使用する機器及び材料（以下「機材」という。）の選定に当たっては、環境負荷の低減に配慮する。

(2) 工事に使用する機材は、揮発性有機化合物の放散による健康への影響に配慮し、かつ、石綿を含有しないものとする。

1.4.2
機材の品質等

(1) 工事に使用する機材は、設計図書等に定める品質及び性能を有するものとし、新品とする。ただし、仮設に使用する機材は、新品に限らない。

なお、「新品」とは、品質及び性能が製造所から出荷された状態であるものを指し、製造者による使用期限等の定めがある場合を除き、製造後一定期間以内であることを条件とするものではない。

(2) 工事に使用する機材が、設計図書等に定める品質及び性能を有することの証明となる資料を、監理者に提出する。ただし、設計図書等においてＪＩＳによると指定された機材で、ＪＩＳのマーク表示のある機材を使用する場合及びあらかじめ監理者の承認を受けた場合は、資料の提出を省略することができる。

(3) 調合を要する材料については、調合に先立ち、調合表等を監理者に提出する。

(4) 機材の色、柄等については、発注者又は監理者の指示を受ける。

(5) 設計図書等に定められた機材の見本を提示又は提出

し、材質、仕上げの程度、色合、柄等について、あらかじめ発注者又は監理者の承認を受ける。

(6) 機器の、形式、形番、性能等の表示については、第2編から第8編の各機器の表示に関する定めによる。

(7) 設計図書等に定められた規格等が改正された場合は、1.1.7による。

1.4.3
機材の搬入

機材の搬入ごとに、監理者に報告する。ただし、あらかじめ監理者の承認を受けた場合は、この限りでない。

1.4.4
機材の検査等

(1) 工事現場に搬入した機材は、種別ごとに監理契約に基づく監理者の検査を受ける。ただし、あらかじめ監理者の承認を受けた場合は、この限りでない。

(2) (1)による検査の結果、合格した機材と同じ種別の機材は、以後、抽出検査とすることができる。ただし、監理者の指示を受けた場合は、この限りでない。

(3) (1)による検査の結果、不合格となった機材は、直ちに工事現場外に搬出する。

(4) 設計図書等に定めるJISのマーク表示のある機材又は規格、基準等の規格証明書が添付された機材は、設計図書等に定める品質及び性能を有するものとして、取り扱うことができる。

1.4.5
機材の検査
に伴う試験

(1) 機材の品質及び性能を試験により証明する場合は、設計図書等に定める試験方法による。ただし、設計図書等に定めがない場合は、受注者の提案による試験方法とし、発注者又は監理者の確認を受ける。

(2) 試験の実施に当たり、試験計画書を作成し、発注者又は監理者の確認を受ける。

(3) 試験は、監理者の立会いを受けて行う。ただし、あらかじめ発注者又は監理者の承認を受けた場合は、この限りでない。

(4) 試験の結果は、1.2.4(3)により発注者又は監理者に提出する。

1.4.6
機材の保管

搬入した機材は、工事に使用するまで、破損、変質等がないよう保管する。また、破損、変質等により使用することが適当でないものは、この工事に使用してはならない。

1.4.7
支給材料、
貸与品

(1) 支給材料、貸与品について発注者の行った検査又は試験の結果について疑義のあるときは、発注者と協議する。

(2) 引渡を受けた支給材料、貸与品の保管は、工事に使用するまで、変質等がないよう保管する。

なお、破損、変質等により工事に使用することが適当でないものは、発注者及び監理者と協議する。

第5節 施 工

1.5.1
施 工

施工は、設計図書等、実施工程表、施工計画書、施工図に基づき、行う。

1.5.2
一工程の施工の
確認及び報告

一工程の施工を完了したとき又は工程の途中において監理者の指示を受けた場合は、その施工が設計図書等に適合することを確認し、適時、発注者又は監理者に報告する。

1.5.3
施工の検査等

(1) 設計図書等に定められた場合又は1.5.2により報告した場合は、発注者又は監理者の検査を受ける。
(2) (1)による検査の結果、合格した工程と同じ機材及び工法により施工した部分は、以後、抽出検査とすることができる。ただし、発注者又は監理者の指示を受けた場合は、この限りでない。
(3) 設計図書等に定められた法定検査内容については、1.6.2による。
(4) 設計図書等に定められたその他の検査内容については、1.6.3による。
(5) (1)に定める検査に必要な資機材及び労務等を提供する。

1.5.4
施工の検査等
に伴う試験

施工の検査等に伴う試験は、1.4.5に準じて行う。

1.5.5
施工の立会い

(1) 設計図書等に定められた場合又は監理者の指示を受けた場合の施工は、監理者の立会いを受ける。この際、適切な時期に監理者に対して立会いの請求を行うものとし、立会いの日時について監理者の指示を受ける。
(2) 監理者の立会いに必要な資機材、労務等を提供する。

1.5.6
工法等の提案

(1) 設計図書等に定められた工法等以外について、次の提案がある場合、発注者及び監理者と協議する。
(ｱ) 所定の品質及び性能の確保が可能な工法等の提案
(ｲ) 環境の保全に有効な工法等の提案

　　　　　(ｳ) 生産性向上に有効な工法等の提案
　　　(2) (1)の工法等の提案は、監理者の確認を受け、発注者
　　　　　の書面による承認を得て採用する。
　　　(3) (2)の工法等変更の採用について、当該工法等が設計
　　　　　変更に当たると監理者が認めた場合の対応は、発注者の
　　　　　指示によるものとし、工事の変更についての扱いは工事
　　　　　約款の定めによる。

1.5.7
化 学 物 質 の
濃 度 測 定

　　　(1) 建築物の室内空気中に含まれる化学物質の濃度測定の
　　　　　実施は、特記による。
　　　(2) 測定時期、測定対象化学物質、測定方法、測定対象室
　　　　　及び測定箇所数等は、特記による。
　　　(3) 測定を実施した場合は、測定結果を取りまとめ、発注
　　　　　者及び監理者に提出する。

第6節　完成、検査

1.6.1
完 成 、 検 査

　　　完成、検査は工事約款「第23条（完成、検査）」に、部
　　分引渡しの指定部分に係る完成、検査は工事約款「第25
　　条（部分引渡し）」に、部分払の請求に係る出来形部分等
　　の検査は工事約款「第26条（請求、支払、引渡し）」によ
　　る。

1.6.2
法 定 検 査

　　　法定検査は、工事約款「第23条の2（法定検査）」による。

1.6.3
その他の検査

　　　その他の検査は、工事約款「第23条の3（その他の検査）」
　　による。

第7節　完成図等

1.7.1
完 成 時 の
提 出 図 書

　　　(1) 工事完成時の提出図書は、特記による。特記がなけれ
　　　　　ば、1.7.2 及び 1.7.3 による。
　　　(2) (1)の図書に目録を添付し、発注者及び監理者に提出
　　　　　する。

1.7.2
完 　 成 　 図

　　　(1) 完成図は、工事目的物の完成時の状態を表現したもの
　　　　　とし、種類及び記載内容は、特記による。特記がなけれ
　　　　　ば、表 1.7.1 による。

表 1.7.1　完成図の種類及び記載内容

種　　類	記　載　内　容
各階配線図	電灯、動力、電熱、雷保護、発電（太陽光）、構内情報通信網、構内交換、情報表示、映像・音響、拡声、誘導支援、テレビ共同受信、監視カメラ、駐車場管制、防犯・入退室管理、自動火災報知、中央監視制御等
機器の仕様	各種
単線接続図	分電盤、制御盤、実験盤、配電盤等
系統図	各種
平面詳細図、配置図	主要機器設置場所のもの
構内配線図	各種
主要機器一覧表	機器名称、製造者名、形式、容量又は出力、数量等
施工図	―

(2) 完成図の様式等は、次による。
　(ｱ) 完成図の作成方法及び用紙のサイズは、特記による。特記がなければ、完成図はＣＡＤ等で作成する。
　　　なお、寸法、縮尺、文字、図示記号等は、設計図書等に準ずる。
　(ｲ) 提出するものは、特記による。特記がなければ、電磁的記録により作成した完成図（ＰＤＦ）及びその出力図（2部）とする。
(3) 施工図は、監理者の承認を受けた図面を提出する。

1.7.3
保全に関する資料

(1) 保全に関する資料は、特記による。特記がなければ次による。
　(ｱ) 建築物等の利用に関する説明書（保証書を含む。）
　(ｲ) 機器取扱い説明書（主要機器一覧表を含む。）
　(ｳ) 機器性能試験成績書
　(ｴ) 官公署届出書類
　(ｵ) 総合試運転報告書
　(ｶ) その他、保全マニュアル、長期修繕計画書等の作成は特記による。
(2) (1)の資料の作成に当たり、発注者又は監理者と記載事項に関する協議を行い、提出時に、発注者及び監理者

に内容の説明を行う。

**1.7.4
図 書 の 保 管**

　「建設業法」及び「建設業法施行規則」に定められた図書は、「建設業法施行規則」に定められたとおり以下の図書を、目的物の引渡しから10年間保管するものとする。
　　(ｱ)　この工事の施工上の必要に応じて作成した、又は発注者から受領した完成図
　　(ｲ)　この工事の施工上の必要に応じて作成した、工事内容に関する発注者との打合せ記録
　　(ｳ)　施工体系図

第1編 第2章　共通工事から　第8編　医療関係設備工事まで

(1)「公共建築工事標準仕様書（電気設備工事編）令和4年版」による。
　　　第1編 第2章　共通工事
　　　第2編　　　　電力設備工事
　　　第3編　　　　受変電設備工事
　　　第4編　　　　電力貯蔵設備工事
　　　第5編　　　　発電設備工事
　　　第6編　　　　通信・情報設備工事
　　　第7編　　　　中央監視制御設備工事
　　　第8編　　　　医療関係設備工事
(2)「公共建築設備工事標準図（電気設備工事編）令和4年版」による。

機械設備工事編

第1編　一般共通事項
第1章　一般事項

第1節　総　則

**1.1.1
適　用**

(1) 適用範囲

本工事共通仕様書（機械設備工事編）（以下「共通仕様書」という。）は、建築物等の新築及び増築に係る機械設備工事に適用する。

(2) 受注者は、工事請負契約書、民間（七会）連合協定工事請負契約約款（以下「工事約款」という。）及び設計図書等（1.1.2(キ)の「設計図書等」をいう。）に従い、責任をもってこの工事（「工事約款第1条の2（用語の定義)」に定める「この工事」をいう。以下同じ。」）を履行する。

(3) 共通仕様書の構成と適用

(ア) 共通仕様書は、第1編及び第2編から第11編までの各編で構成され、第2編から第11編までは公共建築工事標準仕様書（機械設備工事編）令和4年版による。

なお、第2編以降の読み替え項目については、1.1.2(ウ)「監理者」、1.1.2(キ)「設計図書等」、1.1.2(ス)「監理者の承認」を参照する。

(イ) 共通仕様書の第2編以降の各編は、第1編と併せてこの工事に適用する。

(4) 契約図書類とその優先順位

次の(ア)から(キ)の「契約図書類」は、相互に補完する。ただし、契約図書類間に相違がある場合の適用の優先順位は、(ア)から(キ)までの順番のとおりとし、これにより難い場合は、1.1.7による。

(ア) 工事請負契約書

(イ) 工事約款

(ウ) 質問回答書（(エ)から(キ)までに対する質問の回答書をいう。）

(エ) 現場説明書（見積要項書）

(オ) 特記仕様書

(カ) 設計図面

(キ) 共通仕様書

1.1.2
用 語 の 定 義

共通仕様書の用語の定義は、次による。

(ｱ)「発注者」とは、この工事を注文した者をいう。

(ｲ)「受注者」とは、この工事を請け負った者をいう。
　　なお、「受注者等」という場合は、工事請負契約書に記名押印した受注者又は受注者が工事約款に基づいて定めた現場代理人をいう。

(ｳ)「監理者」とは、この工事に関し、発注者との間で締結した監理業務の委託契約（以下「監理契約」という。）に基づき、当該監理業務に従事する者（工事約款に定める監理者を含む。）をいい、建築士法第2条第8項で定める工事監理並びに同法第18条第3項及び同法第20条第3項で定める工事監理者の業務にあっては、当該業務を行う建築士事務所に所属する建築士をいう。
　　なお、第2編以降の「監督職員」は「監理者」と読み替える。ただし、当該監理者の業務が監理契約に含まれない業務の場合は、「発注者」に読み替える。

(ｴ)「監理業務」とは、この工事に関し、発注者と監理者が締結した監理契約に定められる業務をいい、建築士法第2条第8項で定める工事監理並びに同法第18条第3項及び同法第20条第3項で定める工事監理者の業務を含む。

(ｵ)「発注者又は監理者」とは、発注者、監理者のどちらかをいい、監理契約に含まれる業務の場合は、監理者をいう。

(ｶ)「発注者及び監理者」とは、監理契約に関わらず、発注者、監理者の両者をいう。

(ｷ)「設計図書等」とは、この工事の工事請負契約書に添付された1.1.1(4)の(ｳ)から(ｷ)までをいう。ただし、構造計算書及び設備にかかる計算書その他各種計算書は含まない。
　　なお、第2編以降の「設計図書」は「設計図書等」と読み替える。

(ｸ)「特記」とは、この工事の工事請負契約書に添付された1.1.1(4)の(ｳ)から(ｶ)までに指定された事項をいう。

(ｹ)「工事用図書」とは、設計図書等及び発注者又は監理者によって承認された施工図をいう。

(ｺ)「工事関係図書」とは、実施工程表、施工計画書、施工図、工事写真その他これらに類する施工、試験等の報告及び記録に関する図書をいう。

(サ)「施工図」とは、設計図書等の定めにより受注者が作成した、この工事に必要な躯体図、工作図、製作図等をいう。

(シ)「書面」とは、発行年月日が記載され、署名又は押印された文書をいう。

(ス)「監理者の承認」とは、受注者等が契約図書類に基づき提出した書類又は書面で申し出た事項については、必要に応じて工事約款の規定に基づく発注者との手続きを経て、監理者が書面をもって了解することをいう。

なお、第2編以降の「監督職員の承諾」は「監理者の承認」と読み替える。

(セ)「監理者の指示」とは、監理者が必要に応じて工事約款の規定に基づく発注者との手続きを経て、受注者等に対し、必要な事項を書面によって示すことをいう。

(ソ)「監理者と協議」とは、契約図書類に定める協議事項又は受注者等が提出した協議事項について、監理者と受注者等とが結論を得るために合議し、その結果を書面に残すことをいう。

なお、工事約款の規定により、当該協議に発注者が加わる場合がある。

(タ)「監理者の検査」とは、施工の各段階で受注者等が確認した施工状況、機器及び材料の試験結果又は仕上げ見本等について、受注者等より提出された品質管理記録に基づき、監理者が必要に応じて工事約款の規定に基づく発注者との手続きを経て、設計図書等との適否を判断することをいう。

なお、「品質管理記録」とは、品質管理として実施した項目、方法等について確認できる資料をいう。

(チ)「監理者の立会い」とは、監理者が臨場（遠隔臨場を含む。）により、工事の施工上必要な確認、指示、承認及び検査を行うことをいう。

(ツ)「監理者の確認」とは、監理者が必要に応じて監理契約又は工事約款の規定に基づく発注者との手続きを経て、受注者等が契約図書類に基づき提出した書類又は書面で申し出た事項について、監理者が確かめることをいい、建築士法第2条第8項の「工事監理」で行う確認を含む。

(テ)「監理者に報告」とは、受注者等が監理者に対し、工事の状況又は結果について書面をもって知らせることをいう。

なお、工事約款の規定により、当該報告が発注者への報告事項となる場合がある。

(ト)「監理者に提出」とは、受注者等が監理者に対し、工事に関わる書面又はその他の資料を説明し、差し出すことをいう。

　　なお、工事約款の規定により、当該提出が発注者への提出事項となる場合がある。

(チ)「品質計画」とは、設計図書等で要求された品質を満たすために、受注者等が、工事において使用予定の工事材料、建築設備の機器、仕上げの程度、性能、精度等の目標、品質管理及び体制について具体的に示すことをいう。

(ニ)「品質管理」とは、受注者等が品質計画における目標を施工段階で実現するために行う管理の項目、方法等をいう。

(ヌ)「JIS」とは、「産業標準化法」（昭和24年 法律第185号）に基づく日本産業規格をいう。

(ネ)「JAS」とは、「日本農林規格等に関する法律」（昭和25年 法律第175号）に基づく日本農林規格をいう。

(ノ)「規格証明書」とは、設計図書等に定められた規格、基準等に適合することの証明となるもので、当該規格、基準等の制度によって定められた者が発行した資料をいう。

(ハ)「一工程の施工」とは、施工の工程において、同一の材料を用い、同一の施工方法により作業が行われる場合で、発注者又は監理者の承認を受けたものをいう。

(ヒ)「概成工期」とは、建築物等の使用を想定して総合試運転調整を行ううえで、工事約款に定める関連工事（以下「関連工事」という。）を含めた各工事が支障のない状態にまで完了しているべき期限をいう。

(フ)「必要に応じて」とは、これに続く事項について、受注者等が施工上の措置を判断すべき場合においては、あらかじめ発注者又は監理者の承認を受けて対処すべきことをいう。

(ヘ)「原則として」とは、これに続く事項について、受注者等が遵守すべきことをいうが、あらかじめ発注者又は監理者の承認を受けた場合若しくは「ただし書」のある場合は、他の手段によることができることをいう。

(ホ)「標準図」とは、公共建築設備工事標準図（機械設備工事編）令和4年版をいう。

1.1.3 **官公署その他** **への届出手続等**	(1) 工事の着手、施工及び完成に当たり、関係法令等に基づく官公署その他の関係機関への必要な届出手続等を直ちに行う。 (2) (1)に規定する届出手続等を行うに当たり、届出内容について、あらかじめ発注者及び監理者に報告する。 (3) 関係法令等に基づく官公署その他の関係機関の検査に必要な資機材、労務等を提供する。
1.1.4 **書面の書式及び** **取　扱　い**	(1) 協議、承認、通知、指示、請求等の書面を提出する場合の書式（提出部数を含む。）は、設計図書等に定めがあるほか、発注者又は監理者との協議による。 (2) 施工体制台帳及び施工体系図については、「建設業法」（昭和24年 法律第100号）に基づき作成し、工事現場内に備え置き、又は掲示する。
1.1.5 **設 計 図 書 等** **の　取　扱　い**	(1) 設計図書等及び設計図書等において適用される必要な図書を工事現場内に備える。 (2) 設計図書等及び工事関係図書を、別段の合意をする場合を除き、工事の施工の目的以外で第三者に使用又は閲覧等させてはならない。また、その内容を漏洩してはならない。
1.1.6 **関連工事の調整**	関連工事については、発注者又は発注者が別の契約において、工事間の調整を委託した監理者若しくは第三者の調整に協力し、契約図書類の定めに従って、当該工事関係者とともに、工事全体の円滑な施工に努める。
1.1.7 **疑 義 に 対 す る** **協　議　等**	(1) 設計図書等に定められた内容に疑義が生じた場合又は現場の納まり、取合い等の関係で、設計図書等によることが困難若しくは不都合が生じたときは、書面をもって発注者又は監理者に通知し協議する。 (2) (1)の協議を行った結果、設計図書等の訂正又は変更を行う場合の措置は、契約図書類の定めによる。 (3) (1)の協議を行った結果、設計図書等の訂正又は変更に至らない事項は、1.2.4(2)による。
1.1.8 **工事の一時中止** **に 係 る 事 項**	次の(ｱ)から(ｸ)までのいずれかに該当し、工事の一時中止が必要となった場合は、直ちにその状況を発注者及び監理者に書面又は資料をもって報告し、発注者及び監理者と協議する。

㋐ 埋蔵文化財調査の遅延又は埋蔵文化財が新たに発見されたとき。

㋑ 関連工事の進捗が遅れたとき。

㋒ 工事の着手後、周辺環境問題等が発生したとき。

㋓ 第三者又は工事関係者の安全を確保するとき。

㋔ 敷地内に地中障害物・汚染土壌などを発見したとき。

㋕ 工事約款に定められた中止権を行使するとき。

㋖ 暴風、豪雨、洪水、高潮、地震、地すべり、落盤、火災、騒乱、暴動その他の自然的又は人為的な事象で、受注者の責めに帰すことができない事由により、工事目的物等に損害を生じた場合又は工事現場の状態が変動したとき。

㋗ その他の不可抗力が発生したとき。

1.1.9
工期の変更に係る資料の提出

発注者及び受注者が、必要により工期の変更をする場合、受注者は、可能な変更日数の算出根拠、変更工程表その他の必要な資料を発注者に提出するものとする。

1.1.10
特許の出願等

工事の施工上の必要から材料、施工方法等を考案し、これに関する特許の出願等を行う場合は、あらかじめ発注者と協議する。

1.1.11
埋蔵文化財その他の物件

工事の施工に当たり、埋蔵文化財その他の物件を発見した場合は、直ちにその状況を発注者又は監理者に報告する。その後の措置については、発注者と協議のうえで発注者の指示に従う。

なお、工事に関連した埋蔵文化財その他の物件の発見に係る権利は、発注者に帰属する。

1.1.12
関係法令等の遵守

工事の施工に当たり、関係法令等に基づき、工事の円滑な進行を図る。

第2節　工事関係図書

1.2.1
実施工程表

(1) 工事の着手に先立ち、実施工程表を作成し発注者に、その写しを監理者に提出する。

(2) 施工条件の設計図書等との不一致、工事内容の変更等により、実施工程表を変更する必要が生じた場合は、施工等に支障がないよう実施工程表を直ちに変更し、当該部分の施工に先立ち、発注者及び監理者に提出する。

(3) (2)によるほか、実施工程表の内容を変更する必要が

生じた場合は、発注者及び監理者に報告するとともに、施工等に支障がないよう適切な措置を講ずる。

(4) 発注者又は監理者の指示を受けた場合は、実施工程表の補足として、週間工程表、月間工程表、工種別工程表等を作成し、発注者及び監理者に提出する。

(5) 概成工期が特記された場合は、実施工程表にこれを明記する。

(6) 関連工事がある場合は、当該工事関係者と調整を図るとともに、その結果を発注者及び監理者に報告する。

1.2.2 施工計画書

(1) 工事の着手に先立ち、工事の総合的な品質や安全に係る計画をまとめた総合施工計画書を作成し、監理者に提出する。

(2) 品質計画、一工程の施工の確認及び施工の具体的な計画を定めた工種別の施工計画書を、当該工事の施工に先立ち作成し、監理者に提出する。ただし、あらかじめ監理者と協議のうえ、提出を省略することができる。

(3) (1)及び(2)の施工計画書のうち品質計画に係る部分については、監理者の確認を受ける。

(4) 施工計画書の内容を変更する必要が生じた場合は、監理者に報告するとともに、施工等に支障がないよう適切な措置を講ずる。

(5) 関連工事がある場合は、当該工事関係者と調整を図るとともに、その結果を発注者及び監理者に報告する。

1.2.3 施工図

(1) 施工図を当該工事の施工に先立ち作成し、監理者の承認を受ける。ただし、あらかじめ設計図書等又は監理者の指示により承認を必要としない場合は、この限りでない。

(2) 施工図の作成に際し、関連工事との納まり等について、当該工事関係者と調整のうえ、十分検討する。

(3) 監理者の承認を受けた施工図の内容を変更する必要が生じた場合は、監理者に報告し、監理者と協議のうえ、変更の承認を受けるとともに、施工等に支障がないよう適切な措置を講ずる。

1.2.4 工事の記録等

(1) 工事約款に基づき発注者に履行報告を行う。報告に用いる書式等は特記による。特記が無ければ、工事の全般的な経過を記載した書式とする。

(2) 発注者又は監理者が指示した事項及び発注者又は監理者と協議した結果について、直ちに記録を作成し、発注

者及び監理者に提出する。

(3) 工事の施工に際し、試験を行った場合は、直ちに記録を作成し、発注者又は監理者に提出する。

(4) 次の(ア)から(エ)までのいずれかに該当する場合は、施工の記録、工事写真、見本等を整備する。

 (ア) 設計図書等に定められた施工の確認を行ったとき。

 (イ) 工事の施工の進捗により隠ぺい状態となるなど、後日の目視による検査が不可能又は容易でない部分の施工を行うとき。

 (ウ) 一工程の施工を完了したとき。

 (エ) 施工の適切なことを証明する必要があるとして、発注者又は監理者の指示を受けたとき。

(5) 工事写真の撮影対象は、特記による。特記がなければ、監理者と協議する。

(6) (1)及び(4)の記録等について、発注者又は監理者より請求されたときは、発注者又は監理者に提示又は提出する。

1.2.5
請負代金内訳書、
工　程　表

(1) 工事約款に基づき、請負代金内訳書及び工程表を発注者に、それぞれの写しを監理者に提出し、請負代金内訳書については監理者の確認を受ける。

(2) 工事内容の変更等により請負代金内訳書を変更する必要が生じた場合には、増減額項目、変更仕様、変更数量・金額の算出根拠その他必要な資料をあらかじめ発注者及び監理者に提出し、発注者の承認を受ける。

第3節　工事現場管理

1.3.1
施　工　管　理

(1) 設計図書等に適合する工事目的物を完成させるために、施工管理体制を確立し、品質、工程、安全等の施工管理を行う。

(2) 工事の施工に携わる下請負人に、工事関係図書、発注者及び監理者によるこの工事に必要な指示等の内容を周知徹底する。

1.3.2
施工管理技術者

(1) 施工管理技術者は、品質確保の観点から工事内容及び工法に相応した施工の管理と指導を行う者をいい、第2編 第1章以下において定める場合にあっては当該者又はこれらと同等以上の能力のある者とする。

(2) 施工管理技術者の資格又は能力を証明する資料を、発注者及び監理者に提出する。

1.3.3 **電気保安技術者**	(1) 電気保安技術者は、電気事業法に定める電気主任技術者の指示に従い、当該工事における電気工作物の保安の業務を行う者とし、適用は特記による。 (2) 電気保安技術者の資格及び経験に関する資料を、発注者に提出する。 (3) 電気保安技術者は、必要があるときは電気工作物の保安の業務について、発注者に報告を行う。
1.3.4 **工事用電力設備** **の保安責任者**	(1) 工事用電力設備の保安責任者を定め、発注者又は監理者に報告をする。 (2) 保安責任者は、関係法令に基づき、適切に工事用電力設備の保安の業務を行うものとし、必要があるときは発注者又は監理者に報告を行う。
1.3.5 **施 工 条 件**	(1) 工事請負契約書によるほか、設計図書等にこの工事の施工日及び施工時間が定められている場合で、その施工日又は施工時間を変更する必要がある場合は、あらかじめ発注者及び監理者と協議のうえ、発注者の承認を受ける。 (2) (1)以外の施工条件は、契約図書類の定めによる。
1.3.6 **品 質 管 理**	(1) 1.2.2(2)による品質計画に基づき、適切な時期に必要な品質管理を行う。 (2) 設計図書等の定めのあるほか、必要に応じて監理者の検査等を受ける。 (3) 品質管理の結果、疑義が生じた場合は、発注者又は監理者と協議する。
1.3.7 **製造者及び専門** **工事業者の選定**	(1) 設計図書等の定めによるほか、発注者又は監理者の指示により、主要材料、製品、機器の製造者及び専門工事業者を選定し、発注者及び監理者に提出する。 (2) 設計図書等に定めのない場合又は「同等以上」と記載がある場合は、その能力（生産力、品質管理能力など）の判定に必要な資料を提出して、発注者又は監理者の確認を受ける。
1.3.8 **施 工 中 の** **安 全 確 保**	(1)「建築基準法」（昭和 25 年 法律第 201 号）、「労働安全衛生法」（昭和 47 年 法律第 57 号）その他関係法令等に基づくほか、「建設工事公衆災害防止対策要綱（建築工事等編）」（令和元年 9 月 2 日付け 国土交通省告示第

496号）及び「建築工事安全施工技術指針」（平成7年5月25日付け 建設省営監発第13号、最終改正 平成27年1月20日付け 国営整第216号）を踏まえ、常に工事の安全に留意して工事現場管理を行い、施工に伴う災害及び事故の防止に努める。

(2) 同一場所にて関連工事が行われる場合は、受注者間で調整を図り、「労働安全衛生法」に基づく必要な措置を講ずる。

(3) 気象予報又は警報等について、常に注意を払い、災害の予防に努める。

(4) 工事の施工に当たり、工事箇所並びにその周辺にある地上及び地下の既設構造物、既設配管等に対して、支障をきたさないような施工方法等を定める。ただし、これにより難い場合は、発注者及び監理者と協議する。

(5) 火気を使用する場合又は作業で火花等が発生する場合は、火気の取扱いに十分注意するとともに、適切な消火設備、防炎シート等を設けるなど、火災の防止措置を講ずる。

(6) 工事の施工に当たり、近隣等との折衝は、次による。また、その経過について記録し、直ちに発注者及び監理者に報告する。

　(ｱ) 地域住民等と工事の施工上必要な折衝を行うものとし、あらかじめその概要を発注者及び監理者に報告する。

　(ｲ) 工事に関して、第三者から説明の要求又は苦情があった場合は、直ちに誠意をもって対応する。ただし、緊急を要しない場合、あらかじめその概要を発注者及び監理者に報告のうえ、対応する。

1.3.9 交通安全管理

工事材料、土砂等の搬送計画及び通行経路の選定その他車両の通行に関する事項について、関係機関と調整のうえ、交通安全の確保に努める。

1.3.10 災害等発生時の安全確保

災害及び事故が発生した場合は、人命の安全確保を全てに優先させるとともに、二次災害が発生しないよう工事現場の安全確保に努め、直ちにその経緯を発注者及び監理者に報告する。

1.3.11 施工中の環境保全等

(1)「建築基準法」、「建設工事に係る資材の再資源化等に関する法律」（平成12年 法律第104号。以下「建設リサイクル法」という。）、「環境基本法」（平成5年 法律

第 91 号)、「騒音規制法」(昭和 43 年 法律第 98 号)、「振動規制法」(昭和 51 年 法律第 64 号)、「大気汚染防止法」(昭和 43 年 法律第 97 号)、「水質汚濁防止法」(昭和 45 年 法律第 138 号)、「廃棄物の処理及び清掃に関する法律」(昭和 45 年 法律第 137 号。以下「廃棄物処理法」という。)、「土壌汚染対策法」(平成 14 年 法律第 53 号)、「資源の有効な利用の促進に関する法律」(平成 3 年 法律第 48 号。以下「資源有効利用促進法」という。)、「フロン類の使用の合理化及び管理の適正化に関する法律」(平成 13 年 法律第 64 号)、「宅地造成等規制法」(昭和 36 年 法律第 191 号)その他関係法令等に基づくほか、「建設副産物適正処理推進要綱」(平成 5 年 1 月 12 日付け 建設省経建発第 3 号、最終改正 平成 14 年 5 月 30 日付け 国官総第 122 号他)を踏まえ、工事の施工の各段階において、騒音、振動、粉じん、臭気、大気汚染、水質汚濁等の影響が生じないよう、周辺の環境保全に努める。

(2) 塗料、シーリング材、接着剤その他の化学製品の取扱いに当たり、当該製品の製造所が作成した JIS Z 7253 (GHSに基づく化学品の危険有害性情報の伝達方法－ラベル、作業場内の表示及び安全データシート(SDS)) による安全データシート (SDS) を常備し、記載内容の周知徹底を図るため、ラベル等により、取り扱う化学品の情報を作業場内に表示し、作業者の健康、安全の確保及び環境保全に努める。

(3) 工事期間中は、作業環境の改善、工事現場の美化等に努める。

1.3.12
発生材の処理等

(1) 発生材の抑制、再利用及び再資源化並びに再生資源の積極的活用に努める。

なお、設計図書等に定められた場合以外に、発生材の再利用及び再資源化並びに再生資源の活用を行う場合は、発注者と協議する。

(2) 発生材の処理は、次による。

(ア) 発生材のうち、発注者に引渡しを要するものは、特記による。

なお、引渡しを要するものと指定されたものは、発注者の指示を受けた場所に保管する。また、保管したものの調書を作成し、発注者に提出する。

(イ) 特別管理産業廃棄物の種類及び処理方法は、特記による。

(ウ) 発生材のうち、現場において再利用を図るもの及び

再資源化を図るものは、特記による。

なお、再資源化を図るものと指定されたものは、分別を行い、所定の再資源化施設等に搬入する。また、搬入したものの調書を作成し、発注者に提出する。

(エ) (ア)から(ウ)以外のものは全て工事現場外に搬出し、「建設リサイクル法」、「資源有効利用促進法」、「廃棄物処理法」その他関係法令等に基づくほか、「建設副産物適正処理推進要綱」を踏まえ適切に処理のうえ、発注者に書面で報告する。

(3) 本章及び第2編以下に規定された建設発生土の処理については、前(1)及び(2)に定めるもののほか、工事請負契約書7.及び特記による。

1.3.13
養　　　　生

既存施設部分、工事目的物の施工済み部分等について、汚損しないよう適切な養生を行う。

1.3.14
後 片 付 け

工事の完成に当たり、建築物等の内外の後片付け及び清掃を行う。

第4節　機器及び材料

1.4.1
環境への配慮

(1) 工事に使用する機器及び材料(以下「機材」という。)の選定に当たっては、環境負荷の低減に配慮する。

(2) 工事に使用する機材は、揮発性有機化合物の放散による健康への影響に配慮し、かつ、石綿を含有しないものとする。

1.4.2
機材の品質等

(1) 工事に使用する機材は、設計図書等に定める品質及び性能を有するものとし、新品とする。ただし、仮設に使用する機材は、新品に限らない。

なお、「新品」とは、品質及び性能が製造所から出荷された状態であるものを指し、製造者による使用期限等の定めがある場合を除き、製造後一定期間以内であることを条件とするものではない。

(2) 給水設備、給湯設備等に使用する機材は、「給水装置の構造及び材質の基準に関する省令」(平成9年 厚生省令第14号)に適合するものとする。

(3) 工事に使用する機材が、設計図書等に定める品質及び性能を有することの証明となる資料を、監理者に提出する。ただし、設計図書等においてJIS、JAS又は「給水装置の構造及び材質の基準に関する省令」によると指

定された機材で、ＪＩＳのマーク、ＪＡＳのマーク又は「給水装置の構造及び材質の基準に関する省令」に適合することを示す認証機関のマークのある機材を使用する場合及びあらかじめ監理者の承認を受けた場合は、資料の提出を省略することができる。

(4) 調合を要する材料については、調合に先立ち、調合表等を監理者に提出する。

(5) 機材の色、柄等については、発注者又は監理者の指示を受ける。

(6) 設計図書等に定められた機材の見本を提示又は提出し、材質、仕上げの程度、色合、柄等について、あらかじめ発注者又は監理者の承認を受ける。

(7) 機器には、製造者名、製造年月又は製造年、形式、形番、性能等を明記した銘板を付けるものとする。

(8) 各編で使用する鋼材、ステンレス鋼材、アルミニウム材等の材料の呼称、規格等は、第２編 1.1.2 による。

(9) 設計図書等に定められた規格等が改正された場合は、1.1.7 による。

1.4.3
機器の附属品

　各編の機器の附属品で、＊印がある附属品は本共通仕様書に定める機材に適合するものとし、＊印のない附属品は製造者の標準仕様とする。

1.4.4
機材の搬入

　機材の搬入ごとに、監理者に報告する。ただし、あらかじめ監理者の承認を受けた場合は、この限りでない。

1.4.5
機材の検査等

(1) 工事現場に搬入した機材は、種別ごとに監理契約に基づく監理者の検査を受ける。ただし、あらかじめ監理者の承認を受けた場合は、この限りでない。

(2) (1)による検査の結果、合格した機材と同じ種別の機材は、以後、抽出検査とすることができる。ただし、監理者の指示を受けた場合は、この限りでない。

(3) (1)による検査の結果、不合格となった機材は、直ちに工事現場外に搬出する。

(4) 設計図書等に定めるＪＩＳ若しくはＪＡＳのマーク表示のある機材又は規格、基準等の規格証明書が添付された機材は、設計図書等に定める品質及び性能を有するものとして、取り扱うことができる。

1.4.6
機材の検査に伴う試験

(1) 試験は、次の機材について行う。
  (ア) 第3編以降において試験を指定した機材
  (イ) 表 1.1.1 に該当する機材
  (ウ) 特記により試験を指定された機材
  (エ) 試験によらなければ、設計図書に定められた条件に適合することが証明できない機材
(2) 試験方法は、「建築基準法」、JIS、SHASE-S((公社)空気調和・衛生工学会規格) 等の法規又は規格に定めのある場合は、それらによる。
(3) 試験が完了したときは、1.2.4(3)により、その試験成績書を監理者に提出し、発注者又は監理者の確認を受ける。
(4) 製造者において、実験値等が整備されているものは、発注者又は監理者の承認により、性能表・能力計算書等、性能を証明するものをもって、試験に代えることができる。

表 1.1.1　機材の試験

機 材		試 験 項 目
弁類	減圧弁	水圧及び作動
	安全弁	水圧及び作動
	温度調整弁	水圧及び作動
	電磁弁	水圧及び作動
	電動弁	水圧及び作動
ポンプ類	遠心ポンプ	揚水量、揚程、電流値及び水圧(ポンプ本体)
	小形給水ポンプユニット	ポンプごとに、揚水量、揚程、電流値及び水圧
	水道用直結加圧形ポンプユニット	ポンプごとに、揚水量、揚程、電流値及び水圧
	水中モーターポンプ	揚水量、揚程及び電流値
	真空給水ポンプユニット(真空ポンプ方式)	揚水量、給水圧力、空気量、真空度及び電流値
	真空給水ポンプユニット(エゼクター方式)	真空度及び電流値
	オイルポンプ	揚油量、全圧力及び電流値
タンク類	鋼板製タンク	満水及び内部防錆皮膜
	FRP製タンク	満水
	ステンレス鋼板製タンク	
	貯湯タンク	水圧

タンク類	オイルタンク	地下式	水圧及び外面防錆皮膜（二重殻タンクは水圧のみ）
		その他	満水
	膨張タンク	開放形	満水及び内部防錆皮膜
		密閉形	水圧又は気密
	還水タンク		満水
	熱交換器		能力及び水圧
	ヘッダー	蒸気	水圧
		その他	水圧及び亜鉛めっき付着量
空気調和設備工事用機材	鋼製ボイラー 鋼製小型ボイラー 鋳鉄製ボイラー		熱出力、水圧及び騒音
	小型貫流ボイラー 簡易貫流ボイラー		熱出力及び水圧
	鋼製簡易ボイラー 鋳鉄製簡易ボイラー		熱出力及び水圧
	温水発生機	真空式	熱出力、水圧及び気密
		無圧式	熱出力、水圧及び満水
	温水発生機（木質バイオマスボイラー）	真空式	熱出力、水圧及び気密
		無圧式	熱出力、水圧及び満水
	吸収冷温水機		冷凍能力、加熱能力、電動機出力、騒音、水圧及び気密
	吸収冷温水機ユニット		冷凍能力、加熱能力、電動機出力、水圧、気密、冷却能力及び騒音
	冷凍機	圧縮式	冷凍能力、定格所要入力、振動、騒音及び耐圧（水圧又は気密）
		吸収式	冷凍能力、騒音、水圧及び気密
	空気熱源ヒートポンプユニット		冷凍能力、加熱能力、電動機出力及び騒音
	氷蓄熱ユニット		第3編 第1章 第5節 1.5.11「試験」(1)から(10)による。
	冷却塔		冷却能力及び騒音
	送風機		風量、静圧、回転速度、電流値及び騒音
	パッケージ形空気調和機		能力、風量、静圧、電流値、振動、騒音及び気密耐圧
	マルチパッケージ形空気調和機		能力、風量、電流値、振動、騒音及び気密耐圧

空気調和設備工事用機材	ガスエンジンヒートポンプ式空気調和機	能力、風量、電流値、振動、騒音及び気密耐圧
	ユニット形空気調和機	能力、風量、静圧、電流値、振動、騒音及び水圧
	コンパクト形空気調和機	能力、風量、静圧、電流値、振動、騒音及び水圧
	ファンコイルユニット	能力、風量、定格消費電力、損失水頭及び騒音
	空気清浄装置	初期粒子捕集率、初期圧力損失及び試験粉じん保持量
	全熱交換器	全熱交換効率及び圧力損失
	全熱交換ユニット	全熱交換効率及び騒音
	ファンコンベクター	能力、風量、定格消費電力及び騒音
	ユニットヒーター	能力、風量及び騒音
	ガス温水熱源機	熱出力及び水圧
	吹出口	吹出風量、到達距離、拡散半径（シーリングディフューザー）、発生騒音及び静圧損失
	防火・防煙ダンパーピストンダンパー	漏気量及び作動
	排煙口	漏気量及び作動
自動制御機器類		第4編 第1章 第6節による
給排水衛生設備工事用機材	衛生器具ユニット	（水圧（給水）、満水及び通水（排水））*¹、排水勾配
	定水位調整弁	水圧及び作動
	ガス湯沸器	熱出力及び水圧
	潜熱回収型給湯器	熱出力及び水圧
	排熱回収型給湯器	JIS B 8122（コージェネレーションシステムの性能試験方法）によるほか、第3編 1.4.16「試験」(1) 表3.1.5の(1)～(3)による。
	ヒートポンプ給湯機	熱出力、水圧、電動機出力及び騒音
	太陽熱集熱器	集熱性能及び水圧
	太陽熱蓄熱槽	水圧、熱出力及び騒音

浄化槽	槽	満水
	機器	水圧及び作動
昇降機設備工事用機材	エレベーター用電動機及び電動発電機	特性、温度上昇、絶縁抵抗及び耐電圧
	エレベーター用主索	素線及び破断
	エスカレーター用電動機	特性、温度上昇、絶縁抵抗及び耐電圧
電気工事用機材	盤類	動作、絶縁抵抗及び耐電圧
	電動機	特性、温度上昇、絶縁抵抗及び耐電圧

注1. ガスエンジンヒートポンプ式空気調和機に系統連系機能を備える場合は、（一財）日本ガス機器検査協会の検査規定による。
2. ＊1は、抽出試験としてもよい。

1.4.7 機材の保管

搬入した機材は、工事に使用するまで、破損、変質等がないよう保管する。また、破損、変質等により使用することが適当でないものは、この工事に使用してはならない。

1.4.8 支給材料、貸与品

(1) 支給材料、貸与品について発注者の行った検査又は試験の結果について疑義のあるときは、発注者と協議する。
(2) 引渡を受けた支給材料、貸与品の保管は、工事に使用するまで、変質等がないよう保管する。
　なお、破損、変質等により工事に使用することが適当でないものは、発注者及び監理者と協議する。

第5節　施　工

1.5.1 施　工

施工は、設計図書等、実施工程表、施工計画書、施工図に基づき、行う。

1.5.2 技　能　士

(1) 技能士は、「職業能力開発促進法」（昭和44年 法律第64号）による一級技能士又は単一等級の資格を有する技能士をいい、適用する技能検定の職種及び作業の種別は特記による。
(2) 技能士は、適用する工事作業中、1名以上の者が自ら作業をするとともに、他の作業従事者に対して、施工品質の向上を図るための作業指導を行う。
(3) 技能士の資格を証明する資料を、監理者に提出する。

1.5.3	
一工程の施工の確認及び報告	一工程の施工を完了したとき又は工程の途中において監理者の指示を受けた場合は、その施工が設計図書等に適合することを確認し、適時、発注者又は監理者に報告する。

1.5.4
施工の検査等

(1) 設計図書等に定められた場合又は 1.5.3 により報告した場合は、発注者又は監理者の検査を受ける。
(2) (1)による検査の結果、合格した工程と同じ機材及び工法により施工した部分は、以後、抽出検査とすることができる。ただし、発注者又は監理者の指示を受けた場合は、この限りでない。
(3) 設計図書等に定められた法定検査内容については、1.6.2 による。
(4) 設計図書等に定められたその他の検査内容については、1.6.3 による。
(5) (1)に定める検査に必要な資機材及び労務等を提供する。

1.5.5
施工の検査等に伴う試験

(1) 試験は、次の場合に行う。
　(ｱ) 設計図書等に定められた場合
　(ｲ) 試験によらなければ、設計図書等に定められた条件に適合することが証明できない場合
(2) 試験が完了したときは、その試験成績書を監理者に提出し、発注者又は監理者の確認を受ける。

1.5.6
施工の立会い

(1) 次の場合は、監理者の立会いを受ける。ただし、これによることが困難な場合は、別に指示を受ける。
　(ｱ) 設計図書等に定められた場合
　(ｲ) 主要機器を設置する場合
　(ｳ) 施工後に検査が困難な箇所を施工する場合
　(ｴ) 総合調整を行う場合
　(ｵ) 監理者が特に指示する場合
(2) 監理者の立会いが指定されている場合は、適切な時期に監理者に対して立会いの請求を行うものとし、立会いの日時について監理者の指示を受ける。
(3) 監理者の立会いに必要な資機材、労務等を提供する。

1.5.7
工法等の提案

(1) 設計図書等に定められた工法等以外について、次の提案がある場合、発注者及び監理者と協議する。
　(ｱ) 所定の品質及び性能の確保が可能な工法等の提案
　(ｲ) 環境の保全に有効な工法等の提案

(ｳ) 生産性向上に有効な工法等の提案

(2) (1)の工法等の提案は、監理者の確認を受け、発注者の書面による承認を得て採用する。

(3) (2)の工法等変更の採用について、当該工法等が設計変更に当たると監理者が認めた場合の対応は、発注者の指示によるものとし、工事の変更についての扱いは工事約款の定めによる。

1.5.8
化学物質の濃度測定

(1) 建築物の室内空気中に含まれる化学物質の濃度測定の実施は、特記による。

(2) 測定時期、測定対象化学物質、測定方法、測定対象室及び測定箇所数等は、特記による。

(3) 測定を実施した場合は、測定結果を取りまとめ、発注者及び監理者に提出する。

第6節　完成、検査

1.6.1
完成、検査

完成、検査は工事約款「第23条（完成、検査）」に、部分引渡しの指定部分に係る完成、検査は工事約款「第25条（部分引渡し）」に、部分払の請求に係る出来形部分等の検査は工事約款「第26条（請求、支払、引渡し）」による。

1.6.2
法定検査

法定検査は、工事約款「第23条の2（法定検査）」による。

1.6.3
その他の検査

その他の検査は、工事約款「第23条の3（その他の検査）」による。

第7節　完成図等

1.7.1
完成時の提出図書

(1) 工事完成時の提出図書は、特記による。特記がなければ、1.7.2及び1.7.3による。

(2) (1)の図書に目録を添付し、発注者及び監理者に提出する。

1.7.2
完成図

(1) 完成図は、工事目的物の完成時の状態を表現したものとし、種類は、特記による。特記がなければ、(ｱ)から(ｸ)による。

(ｱ) 屋外配管図

(ｲ) 各階平面図及び図示記号

(ｳ) 主要機械室平面図及び断面図
(ｴ) 便所詳細図
(ｵ) 各種系統図
(ｶ) 主要機器一覧表（機器名称、記号、製造者名、形状、容量又は出力、数量等）
(ｷ) 浄化槽設備、昇降機設備、機械式駐車設備及び医療ガス設備の図
(ｸ) 施工図
(2) 完成図の様式等は、次による。
(ｱ) 完成図の作成方法及び用紙のサイズは、特記による。特記がなければ、完成図はＣＡＤ等で作成する。
　　なお、寸法、縮尺、文字、図示記号等は、設計図書等に準ずる。
(ｲ) 提出するものは、特記による。特記がなければ、電磁的記録により作成した完成図（ＰＤＦ）及びその出力図（2部）とする。
(3) 施工図は、監理者の承認を受けた図面を提出する。

1.7.3
保全に関する資料

(1) 保全に関する資料は、特記による。特記がなければ次による。
(ｱ) 建築物等の利用に関する説明書（保証書を含む。）
(ｲ) 機器取扱い説明書（主要機器一覧表を含む。）
(ｳ) 機器性能試験成績書
(ｴ) 官公署届出書類
(ｵ) 総合試運転調整報告書
(ｶ) その他、保全マニュアル、長期修繕計画書等の作成は特記による。
(2) (1)の資料の作成に当たり、発注者又は監理者と記載事項に関する協議を行い、提出時に、発注者及び監理者に内容の説明を行う。

1.7.4
図書の保管

「建設業法」及び「建設業法施行規則」に定められた図書は、「建設業法施行規則」に定められたとおり以下の図書を、目的物の引渡しから10年間保管するものとする。
(ｱ) この工事の施工上の必要に応じて作成した、又は発注者から受領した完成図
(ｲ) この工事の施工上の必要に応じて作成した、工事内容に関する発注者との打合せ記録
(ｳ) 施工体系図

1.7.5
標 識 そ の 他

(1) 「消防法」（昭和 23 年 法律第 186 号）等に定めるところによる標識（危険物表示板、機械室等の出入口の立入禁止表示、火気厳禁の標識等）を設置する。

(2) 機器には、名称及び記号を表示する。

(3) 配管、弁及びダクトには、次の識別を行う。

なお、配管の識別は原則として、JIS Z 9102（配管系の識別表示）によるものとし、識別方法及び色合いは監理者の指示による。

(ア) 配管及びダクトには、用途及び流れの方向を表示する。

(イ) 弁には、弁の開閉を表示する。

1.7.6
保 守 工 具

当該工事のうちポンプ、送風機、吹出口、衛生器具、桝等の保守点検に必要な工具一式を監督職員に提出する。

第2編　共通工事から　第11編　医療ガス設備工事まで

(1)「公共建築工事標準仕様書（機械設備工事編）令和 4 年版」による。

第 2 編　共通工事
第 3 編　空気調和設備工事
第 4 編　自動制御設備工事
第 5 編　給排水衛生設備工事
第 6 編　ガス設備工事
第 7 編　さく井設備工事
第 8 編　浄化槽設備工事
第 9 編　昇降機設備工事
第 10 編　機械式駐車設備工事
第 11 編　医療ガス設備工事

(2)「公共建築設備工事標準図（機械設備工事編）令和 4 年版」による。

民間（七会）連合協定工事請負契約約款に適合した

工 事 共 通 仕 様 書

令和5年版

定価 1,650 円（本体 1,500 円＋税 10％）
送料実費

令和5年7月23日　第1刷　発行

〔検印省略〕

編　集
発　行　　一般社団法人　公共建築協会

〒104-0033　東京都中央区新川 1-24-8
東熱新川ビル6F

電　話　　03（3523）0381（代）
ＦＡＸ　　03（3523）1826
ＵＲＬ　　https://www.pbaweb.jp/